Henry ARAGON
MEMBRE DE LA SOCIÉTÉ FRANÇAISE D'ARCHÉOLOGIE

LA VIE POLITIQUE

DE

FRANÇOIS ARAGO

TOULOUSE
IMPRIMERIE ET LIBRAIRIE ÉDOUARD PRIVAT
14, RUE DES ARTS (SQUARE DU MUSÉE)

1924

LA VIE POLITIQUE

DE

FRANÇOIS ARAGO

Henry ARAGON

MEMBRE DE LA SOCIÉTÉ FRANÇAISE D'ARCHÉOLOGIE

LA VIE POLITIQUE

DE

FRANÇOIS ARAGO

TOULOUSE

IMPRIMERIE ET LIBRAIRIE ÉDOUARD PRIVAT

14, RUE DES ARTS (SQUARE DU MUSÉE)

1924

A M. EMMANUEL BROUSSE

ANCIEN MINISTRE

DÉPUTÉ DES PYRÉNÉES-ORIENTALES

Affectueux hommage d'un compatriote.

PRÉFACE

Le monde entier connaît le savant; on connaît moins l'homme politique : à cet égard, *La Vie politique de François Arago* que je publie, est une éclatante démonstration de ce que peuvent la basse jalousie et la haine farouche combinées pour rabaisser ou annihiler le patriotisme, la gloire et même le génie d'un homme supérieur qui sut toujours s'élever au-dessus de ces basses mesquineries.

Tout l'univers a admiré les travaux de cette vie scientifique des plus actives, des plus passionnées, des plus utiles, et j'ajouterai des plus fécondes.

Malgré son talent immense, malgré son génie, ce grand patriote, ce grand savant fut en butte à de violentes critiques.

Tous les grands hommes, du reste, ont eu à soutenir des luttes contre leurs contemporains. Arago, plus que tout autre, avait dû passer par cette phase d'amertume et de trouble. Sa renommée était immense, comme sa popularité. Il portait ombrage à une foule de médiocrités. A une haute position scientifique con-

quise par de brillantes découvertes, et par un labeur
assidu, il joignait une influence politique considérable. Il n'en fallait pas tant pour exciter des haines et
des clameurs.

Nous allons voir, dans ce court résumé de la vie
politique de ce grand homme de bien, que les critiques envieux et partiaux, les *Zoïles*[1] de l'époque,
s'étaient groupés et avaient voulu démontrer que l'illustre directeur de l'Observatoire n'avait rien produit
d'original, que sa réputation de savant était usurpée.
Nous stigmatiserons, dans ce résumé succinct, tous
ces critiques jaloux qui avaient rempli plusieurs journaux de leurs diatribes contre sa politique, trouvant
même des complices ou des hommes complaisants
jusque dans le monde vraiment savant, jusque sur le
fauteuil de l'Académie des Sciences. La lecture de tous
ces pamphlets à plus de trois quarts de siècle de distance laisse dans l'esprit l'idée certaine de la profonde confusion que le temps a dû infliger à leurs
auteurs.

Mais le grand savant avait voulu répondre à toute
cette polémique malsaine ; et les courtes lettres que
j'ai reproduites dans cet opuscule sont le cri éloquent
de protestation qu'il avait fait entendre.

Bien souvent, on avait répété que l'illustre Secrétaire

1. Zoïle, le critique envieux d'Homère, avait rendu son nom ridicu-
lement célèbre par l'amertume, l'injustice et la critique mordante de
ses œuvres contre le Chantre d'Achille.

perpétuel de l'Académie s'était laissé détourner de
l'étude des Sciences par les occupations politiques.
N'apercevant que le rôle brillant de l'orateur[1] de l'opposition, quelques-uns avaient affirmé que, depuis
qu'il était devenu membre de la Chambre des Députés, il avait cessé de travailler utilement pour la
Science.

C'était une profonde erreur : Ses œuvres, en effet,
témoignent d'un bout à l'autre que jamais il n'aban-
donna aucune de ses recherches.

Il suffit de citer les lignes de Barral[2] pour juger la
valeur et le génie du grand astronome qui fut aussi
un profond politique : « Il y a ceci de saillant et de
tout à fait remarquable dans sa manière de travailler,
qu'il portait pendant de longues années ses médita-
tions sur plusieurs sujets à la fois, quoique presque
tous ces sujets exigeassent une attention soutenue et
fussent d'une nature ardue. Souvent, dans la même
journée, après les distractions de la vie politique ou
de la vie du monde, il faisait les expériences ou écrivait successivement sur plusieurs matières différentes.
Il quittait sans peine une question d'astronomie pour
traiter une question de physique ou de météorologie,
ou même pour étudier quelque projet de loi. Lorsqu'un

1. Il avait, dans sa carrière politique, prononcé 53 discours « où
la Science a été toujours son point de vue principal ». (Note de
J.-A. Barral : *Œuvres de F. Arago.*)

2. *Notice chronologique sur les œuvres d'Arago* : F. BARRAL, 1865.
Paris, 2ᵉ édition, page CCLVIII.

problème le préoccupait fortement et qu'il n'en trouvait pas immédiatement une solution satisfaisante, il cessait momentanément de s'en occuper et cherchait dans d'autres sujets une diversion profonde. Son intelligence, reposée par la variété des conceptions, revenait avec une vigueur nouvelle pour franchir les obstacles que d'abord elle n'avait pu vaincre... Par sa persévérance à sonder les mystères de la nature, l'illustre physicien fit, en mille occasions, jaillir la lumière. »

Dans son discours[1] sur l'enseignement, sans attaquer les études classiques, Arago s'était surtout attaché à défendre les études scientifiques contre d'injustes accusations dont elles avaient été l'objet de la part de plusieurs députés, prétendant même qu'elles ne servaient que les intérêts matériels.

Pour Arago, la participation du peuple dans les grandes inventions, dans les progrès les plus importants, dans les faits les plus brillants de l'histoire de la patrie, lui paraissait une preuve éclatante du droit de tous à concourir aux élections des représentants de la nation.

Comme Ministre de la Marine et Membre du Gou-

1. Arago avait prononcé plusieurs discours qui contenaient tous des faits ou des appréciations d'un réel intérêt : discours sur l'assainissement des lagunes ; sur le rôle que les indigènes pourraient jouer dans la colonisation de l'Algérie ; sur diverses améliorations à faire à l'Observatoire de Paris ; sur les fautes commises dans la construction de l'église de la Madeleine ; sur l'embranchement du chemin de fer de Narbonne à Port-Vendres (que j'ai reproduit).

vernement provisoire, en 1848, Arago avait fait adopter et avait signé l'acte d'abolition de l'esclavage dans les colonies françaises. On lui demanda, à cette époque, de ne pas décider la mise en liberté immédiate des esclaves, et de n'ordonner leur affranchissement que par termes successifs. Il répondit : « Je ne remettrai pas au lendemain un acte qui libère des opprimés. Si je ne signais pas aujourd'hui, qui sait si l'esclavage ne durerait pas encore de longues années sur le sol français. »

L'abolition de l'esclavage eut lieu sans amener aucune des terribles catastrophes qu'on avait prédites au grand citoyen.

Cet acte devait honorer sa mémoire, comme ses découvertes honoraient sa patrie.

Arago qui ne fut jamais ambitieux, fut aussi un grand patriote. Les deux lettres que je reproduis, en partie, mettent en relief le désintéressement de l'homme qui pouvait assumer les plus hautes charges et les plus grands honneurs.

La lettre par laquelle il refusait toute candidature à l'Académie française est un acte qui mérite d'être conservé et reproduit. Le grand savant qui avait, on peut dire, connu toutes les gloires, tous les triomphes même en politique, ne faisait pas partie de l'Académie française. Il avait, en effet, refusé d'être candidat et déclaré devant ses collègues de l'Institut qu'il *ne se présenterait jamais*.

Il est intéressant, pour la gloire d'Arago, de relire, après tant d'années, la lettre[1] qu'il avait écrite, à ce sujet, à un *Rédacteur* d'un des plus grands journaux[2] de Paris, en 1836 :

« MONSIEUR LE RÉDACTEUR,

« Les journaux qui s'occupèrent, il y a quelques semaines, du remplacement du vénérable M. de Tracy[3] à l'Académie française, me firent l'honneur de me désigner comme un des candidats. Maintenant, on s'étonne de voir la liste officielle[4] réduite à un seul nom; de là mille vaines conjectures dans lesquelles voici, dit-on, ma part : j'ai fait preuve d'une prudence consommée en n'affrontant pas la plus redoutable concurrence; une condescendance d'aussi bon goût recevra tôt ou tard son prix; je me présenterai indubitablement quand une nouvelle place viendra à vaquer; alors je serai accueilli, soutenu par ceux-là mêmes qui aujourd'hui portent M. Guizot avec le plus d'ardeur; des engagements formels ne me permettent pas d'en douter !

1. Lettre relative à une prétendue candidature à l'Académie française.
2. Le *National*, 26 avril 1836.
3. Ancien ministre.
4. Arago, comme sa lettre l'insinue avec une certaine ironie, n'avait pas voulu faire échec à Guizot ou se présenter devant un semblable concurrent. Guizot était entré à l'Académie des Sciences morales et politiques en 1832, à celle des Inscriptions et Belles-Lettres en 1833, et à l'Académie française en 1836.

« Deux mots d'explication, et ces suppositions bienveillantes seront réduites à leur juste valeur.

« Il est vrai que plusieurs membres de l'Académie française qui m'honorent de leur amitié, voulant faire revivre un ancien usage, avaient songé à remplacer M. de Tracy, non sans doute par M. Arago, mais par le Secrétaire perpétuel de l'Académie des Sciences; il est vrai que, pour vaincre une hésitation qu'ils devaient prévoir, mes amis avaient eu la bonté de ne m'offrir la candidature qu'après avoir aperçu de grandes chances de réussite, qu'après s'être assurés, disaient-ils, de dix-neuf suffrages. Eh bien, dès le premier moment, j'ai déclaré qu'à moins de consentir à augmenter d'un nouveau nom la liste déjà longue de ceux qui changent d'avis au gré de leurs intérêts, je ne pouvais aspirer au fauteuil de M. de Tracy; dès le premier moment, j'ai exhumé moi-même de l'éloge encore inédit de Fourier un passage qui rendait ma candidature impossible. Ce passage, le voici :

« A la mort de Lemontey, l'Académie française, où
« Laplace et Cuvier représentaient déjà les sciences,
« appela encore Fourier dans son sein. Les titres litté-
« raires de notre confrère étaient incontestables; ils
« étaient même incontestés; et cependant sa nomi-
« nation souleva dans les journaux de violents débats
« qui l'affligèrent profondément. Mais aussi n'était-ce
« pas une question, que celle de savoir si ces doubles
« nominations sont utiles? Ne pouvait-on pas soute-

« nir, sans se rendre coupable d'un paradoxe, qu'elles
« éteignent chez la jeunesse une émulation que tout
« nous impose le devoir d'encourager? Que devien-
« drait d'ailleurs, à la longue, avec des académiciens
« doubles, triples, quadruples, cette unité si juste-
« ment vantée de l'ancien Institut? Le public finirait
« par ne plus la trouver que dans l'unité de cos-
« tume! »

« Vous le voyez, Monsieur, ma position est bien
nette : *je ne me suis jamais présenté, je ne me présenterai
jamais.*

« Signé : F. ARAGO. »

Arago fut un grand patriote. Dans le projet de la
nouvelle organisation militaire de la France, Arago
avait proposé « des mesures destinées à mettre la nationalité française à l'abri de toute atteinte ».

Mais, à cette époque, la France était, comme aujourd'hui, accablée sous le poids des impôts, et n'aurait pu alors supporter un budget d'*un milliard et demi.*

Arago ne voulait pas que la France fût prise au dé-
pourvu : « Il faut, écrivait-il, qu'elle possède de longue
main une forte organisation militaire qui, sans épuiser
les trésors de l'État[1], sans imposer à la jeunesse de
trop lourds sacrifices, sans entraver les développe-
ments de notre industrie, permette de lancer la population presque tout entière sur le point où se présen-

[1]. Le ministère de la Guerre, à ce moment, absorbait près de
400 millions.

teraient les ennemis de nos libertés... Espérons aussi
qu'en nous voyant proposer une organisation militaire toute-puissante pour la défense du territoire et
très peu propre à des expéditions lointaines, on com-
prendra enfin, si toutefois nous n'avons déjà été parfaitement compris, que ce que l'opposition désire, que
ce qu'elle réclame, que ce qu'elle veut *à tout prix*, ce
n'est pas la guerre, mais bien l'indépendance, la dignité et l'honneur de la France[1]. »

Arago était doué d'une intelligence puissante qui
était faite pour embrasser l'ensemble des sciences et
l'agrandir. Ses découvertes supérieures nous ont dé-
voilé des horizons inconnus sur lesquels on a fondé
des sciences nouvelles.

Au moment où cette grande et noble figure venait
de disparaître, Flourens, alors Secrétaire perpétuel de
l'Académie des Sciences, avait dit éloquemment : « Cet
homme doit survivre pour rester une des illustrations
scientifiques de notre pays. »

C'est le plus bel éloge que l'on puisse faire d'un
homme qui fut éminemment utile non seulement à
sa petite patrie, le Roussillon, mais encore à la France
tout entière. Nous allons voir quels services éminents
il sut rendre à son pays par sa politique droite et pleine
de bon sens.   Henry ARAGON.

1. Cet extrait d'un projet de déclaration de l'opposition, qui était
destiné à être publié avant la session des Chambres de 1832, est
entièrement écrit de la main d'Arago.

PREMIÈRE PARTIE

CHAPITRE PREMIER

§ 1. — La situation politique de la France [1].

Malgré la sage direction imprimée à la politique extérieure à la fois ferme et modérée, quoique la France eût
repris au dehors sa légitime influence, le sol tremblait
en France. Le gouvernement à l'intérieur ne marchait
point d'accord avec la société qu'il semblait suivre, mais
qu'il voulait diriger dans un autre sens. Les royalistes
incorrigibles — que Louis XVIII lui-même avait repous-
sés — avaient triomphé sous le règne de Charles X, qui
brava le pays comme à plaisir. Il avait un moment cédé
à l'opinion en laissant se constituer le ministère Martignac, puis il le supportait impatiemment. Le parti libéral manqua à ce moment de sagesse en ne soutenant pas
énergiquement ce ministère, qu'il harcelait, au contraire,
par ses exigences, tandis que les députés de la droite, les
amis de la cour s'effrayaient de ce qu'ils appelaient les
imprudences du ministère. Deux projets de loi sur l'organisation communale et départementale substituèrent,
pour la composition des Conseils d'arrondissement et de
département, l'élection à l'action de l'autorité. Seulement,

1. Sous le règne de Charles X, ministère Polignac.

cette élection était attribuée aux citoyens les plus notables et les plus imposés. Entre la droite irritée de ses concessions et la gauche mécontente des restrictions, le ministère resta sans appui; il se vit obligé de retirer les projets de loi. Sitôt que de Martignac, qui seul soutenait le cabinet par son éloquence, n'eut plus la majorité de la Chambre, Charles X chercha à se délivrer de lui. Il crut pouvoir revenir aux vieilles théories de pouvoir absolu, et cela au moment où la France, éclairée par quinze années d'un gouvernement constitutionnel, s'était fortifiée dans l'intelligence de ces libertés qu'on tentait de lui ravir. L'opposition au ministère se manifesta par l'organisation de sociétés libérales... Une ordonnance prorogeait la Chambre[1] au 3 septembre; cette prorogation cachait une dissolution qui ne se fit pas attendre[2]. Des banquets, de nombreuses réunions libérales entretinrent dans le pays une fermentation inusitée. Le ministère comptait apaiser le mécontentement par une satisfaction donnée au patriotisme. Il envoyait une armée contre Alger[3].

A la nouvelle de la prise d'Alger[4], le roi songeait à ressaisir, par cette victoire, les prérogatives de sa couronne. Les élections, défavorables au ministère, élevaient le chiffre des députés de l'opposition à deux cent soixante-dix. Les *deux cent vingt et un* signataires de l'adresse avaient tous été réélus. Aussi le ministère ne crut-il pas devoir affronter la nouvelle Chambre, convoquée cependant pour le 3 août. Charles X, s'appuyant sur la Charte elle-même pour la détruire, prétendit trouver dans l'*article quatorze*, qui autorisait le roi à « rendre des ordonnances pour le salut de l'État », le droit d'accomplir les

---

1. Les Chambres s'étaient ouvertes le 2 mars 1830.
2. 16 mai.
3. Ducoudray, *Hist. contemp.*, Règne de Charles X, chap. xvii.
4. Alger capitula le 4 juillet.

changements qu'il méditait. Le 25 juillet, le roi signait en Conseil des ministres les fameuses *Ordonnances*[1] qui allaient amener l'explosion de toutes les colères amassées contre la Restauration. En somme, le roi voulait, au moyen de nouvelles élections faites exclusivement par les grands propriétaires et à l'aide d'un silence complet de la presse, obtenir une Chambre favorable à ses préjugés. Le roi avait engagé la lutte, mais quand il voulut consentir à retirer les ordonnances et à changer son ministère, il était trop tard. Les députés avaient résolu de mettre un terme à l'état révolutionnaire.

La Chambre en 1830. Ses pouvoirs. — Le combat de juillet était à peine terminé que le trône était aussitôt relevé que renversé. La Chambre ouvrait ses séances le 3 août, faisait à la hâte quelques modifications à la Charte, et votait, à la majorité de 210 voix, la transmission de la couronne au duc d'Orléans.

Avec le nouveau souverain, la Chambre modifiait la Charte, avec des dispositions particulières. De plus, la loi électorale, votée le 27 février 1831, maintenait le cens électoral en l'abaissant de 300 francs d'impositions à 200 francs. On ajoutait seulement aux électeurs une partie de ce qu'on appelait les *capacités*, les membres des Sociétés savantes, les docteurs des Facultés de droit, de médecine, des sciences et des lettres. Le pays légal s'élargissait un peu, mais se trouvait encore réduit à 200.000 personnes. La Chambre partageait avec la royauté l'initiative des lois, recevait le droit illimité d'amendement et d'interpellation. Le pouvoir, en réalité, passait, comme en Angleterre, où les chefs du nouveau gouvernement avaient pris leur modèle, dans le Parle-

1. Ducoudray, *op. cit.* Les Ordonnances du 25 juillet.

ment, et l'histoire devient surtout le récit de luttes parlementaires et de crises ministérielles. En 1832, la Chambre des pairs votait l'abolition de son privilège d'hérédité.

Le nouveau roi avait à se prononcer entre deux politiques : ou satisfaire les classes populaires, ou refouler les passions dont on venait de se servir, réduire le changement à la substitution d'une dynastie et aux garanties accordées.

Au cours de février 1831, après le sac de Saint-Germain-l'Auxerrois et de l'archevêché, qui fut bouleversé de fond en comble, l'anarchie était réelle. Le peuple, mécontent de la politique intérieure, l'était encore plus de la politique extérieure. On avait laissé croître les exigences de la population; il fallait dès lors les subir ou les combattre. La Chambre voulut qu'on les combattît[1]. Casimir Périer constituait un nouveau ministère. Malgré l'abolition de l'hérédité de la pairie, les désordres continuaient dans le Midi : les légitimistes reparaissaient, les émeutes étaient continuelles en France; après l'insurrection de Lyon, la population ouvrière était en émoi; elle effraya la France entière.

Après la mort de Casimir Périer, — qui, s'il n'avait pas eu le temps de rétablir l'ordre, avait du moins restauré l'autorité, — les partis, reprenant confiance, avaient relevé la tête. En même temps que les provinces de l'Ouest et du Midi avaient inquiété le gouvernement, le parti républicain l'avait alarmé par une insurrection. Ce parti, qui depuis 1830 avait considérablement grandi, venait de perdre sa première bataille. Le cabinet du 11 août 1832 avait fait un essai de ce que Guizot[2] appelait le *gouvernement parlementaire*.

1, 13 mars 1831.
2. *Mémoires.*

Après cette série de troubles en France, après les insurrections d'avril 1834, plus sanglantes que la première, et les derniers attentats contre Louis-Philippe, le ministère, effrayé de tous ces complots successifs, présentait à la Chambre des députés les *lois* dites de *septembre*[1], qui interdisaient toute discussion sur le principe du gouvernement, défendaient de mêler la personne du roi à aucun débat, érigeaient certains délits de presse en attentats contre la sûreté de l'État, aggravaient la peine d'emprisonnement et de l'amende, etc.

Depuis le 11 octobre 1832, c'était le même cabinet qui avait dirigé les affaires; ce cabinet avait été dissous le 21 février 1836. Thiers, devenu président du Conseil, s'était peu à peu retiré, pour ne pas intervenir en Espagne. Molé et Guizot dominèrent alors, mais leur session dura peu; le ministère, après le rejet de la *loi de disjonction*[2], était renversé.

A partir de ce moment, Louis-Philippe, impatient de subir le joug, cherchait à gouverner seul. Malgré l'appui du comte Molé, qu'il maintint au ministère et qui était disposé à rompre avec les traditions parlementaires, il ne fit que régner, mais il ne gouverna pas.

Nous allons voir quelle fut la politique du département des Pyrénées-Orientales pendant cette période, où Arago avait su jouer déjà un rôle considérable non seulement dans notre pays, mais dans la capitale même qui l'avait élu.

1. Elles furent votées le 9 septembre 1834.
2. Cette loi renvoyait les militaires devant les Conseils de guerre et les personnes civiles devant les tribunaux ordinaires : elle échoua.

§ 2. — LES ÉLECTIONS DE F. ARAGO DE 1830 A 1846.

François Arago se trouva mêlé à la politique active après la révolution de 1830. Nous allons le suivre pas à pas, depuis cette époque où il entra au Parlement.

Quelle était la situation dans le département des Pyrénées-Orientales de 1830 à 1846?

« La représentation parlementaire n'aurait pas eu grand éclat si l'arrondissement de Perpignan n'avait eu l'heureuse inspiration d'envoyer au Corps législatif, au lendemain des événements de 1830, l'illustre François Arago [1], membre de l'Institut, apologiste passionné de la Révolution. Or, au moment où la Chambre était dissoute, quelques mois après il fallut procéder à de nouvelles élections; les exaltés du parti républicain, tout en manifestant pour leur savant compatriote la même admiration, lui reprochèrent sa tiédeur et sa complaisance (qui ne venaient que d'une patriotique résistance) pour la monarchie constitutionnelle. Non pas que la famille Arago fût suspecte (car on se souvenait qu'en 1815 Étienne Arago avait été obligé de quitter Perpignan pour ne pas tomber entre les mains des royalistes), mais on déplorait les relations, pourtant naturelles, que François Arago s'était créées à l'Institut. On lui opposa donc Lacombe Saint-Michel, fils du conventionnel et ancien maire de Perpignan.

François Arago eut aussi pour concurrent le marquis de Montcalm, grand seigneur libéral habitant l'Aveyron, parent du marquis de Montcalm-Goyon qui périt héroïquement dans les guerres du Canada...

1. Extrait de l'*Histoire du parti républicain dans les Pyrénées-Orientales*, par H. Chauvet, publiciste. Perpignan, 1909.

Ainsi, pour les amis de Lacombe Saint-Michel, François Arago ne paraissait pas assez avancé; il l'était trop, au contraire, aux yeux des libéraux de la Loge maçonnique[1]. Néanmoins, le prestige de son nom était tel qu'il fut réélu le 9 juillet 1831[2].

Le succès relatif de Lacombe Saint-Michel fit réfléchir François Arago. Tandis, en effet, que Ferdinand Escanyé[3] prend au Corps législatif une attitude indépendante, sans être hostile au Gouvernement; tandis que Garcias[4] s'embrigade dans la majorité gouvernementale, François Arago siège dès les premiers jours à l'extrême gauche radicale avec Garnier-Pagès, disposé à faire triompher l'idéal républicain. Le député de Perpignan se rendait compte, du reste, qu'on ne pouvait, sans être dupe, continuer à faire crédit à Louis-Philippe et qu'il fallait abandonner ce rêve caressé par quelques optimistes de « faire de la monarchie la tutelle de la République[5] ».

Élections de 1834 (22 juin) et de 1837 (6 novembre). — Arrivent les élections du 22 juin 1834 : la situation de François Arago n'a pas été amoindrie; au contraire, grâce à l'opposition qu'il fait aux membres conservateurs et à son approbation du violent réquisitoire rédigé contre Louis-Philippe par la gauche, après la mort de Casimir

1. De la rue de la Main-de-Fer.
2. Il avait eu 194 voix contre 123 à son concurrent Lacombe Saint-Michel.
3. F. Escanyé, frère de Frédéric Escanyé et capitaine d'État-major, avait été battu, le 22 juin 1834, par J. Lacroix, président du Tribunal civil de Perpignan, dévoué à Louis-Philippe et qui dut son succès à l'appui du préfet et de l'évêque. — A son tour, J. Lacroix, dont l'élection était combattue au Parlement par Barrot, chef de la gauche dynastique, avait été supplanté par T. Parès, avocat général à la Cour de Montpellier.
4. Député sortant.
5. H. Chauvet, *op. cit.*, pp. 26-28.

Périer. Mais le Gouvernement a des raisons de combattre le député de Perpignan ; déjà il l'a écarté, par vengeance et malgré sa célébrité, du jury de l'Exposition de 1834 ; il lui suscite maintenant un concurrent : François Durand, ancien député royaliste de Prades (1816 à 1831). Celui-ci essaie de rallier autour de lui « les amis de l'ordre », tandis que M. de Mailly se présente comme légitimiste [1].

Les mérites des trois candidats sont discutés sans passion dans divers « appels aux électeurs », imprimés chez Alzine ou chez Tastu. Quant au *Journal des Pyrénées-Orientales* (unique feuille locale), qui avait ardemment soutenu Arago jusque-là, il soutient mollement son ancien favori [2].

Au premier tour de scrutin il y a ballotage, et les légitimistes, s'unissant avec les républicains, assurent au second tour l'élection d'Arago par 251 voix contre 31 à M. Durand, sur 299 votants.

Le 6 novembre 1837, François Arago est réélu sans concurrent par 268 voix sur 286 votants.

Arago avait été élu en même temps dans le VIe arrondissement de Paris ; mais il optait pour Perpignan. Le 16 février 1837, on procédait à de nouvelles élections.

A partir de ce moment, nous allons voir le journal local, qui jusqu'à présent avait noblement défendu la candidature d'Arago, dernièrement élu sans concurrent, lui barrer la route et lui opposer les députés sortants Garcias et Parès, qui, suivant la feuille locale, en votant pour l'adresse de la majorité contre l'adresse de la coali-

1. M. de Mailly était un descendant du maréchal de Mailly, dont j'ai reproduit des autographes. — Voir *Pages d'histoire du Roussillon*, pp. 128-139. Lettres de M. de Mailly aux consuls de Perpignan.

2. Nous verrons ce journal, plus loin, aux élections si agitées de 1848, le combattre avec acharnement et avec haine.

tion, « ont voté en faveur de la paix au dehors et de l'ordre au dedans »[1]. En même temps, le *Journal* déclarait qu'« Arago, quoique célèbre dans le monde scientifique, ne peut plus représenter à la Chambre l'arrondissement de Perpignan; les amis du Gouvernement, qui s'abstinrent en 1837, alors qu'Arago n'avait pas de concurrent, sont invités à reporter leurs voix, cette fois, sur un candidat de leur choix, M. François Moynier, ancien capitaine d'artillerie, conseiller à la Cour royale de Toulouse[1] ».

« Cependant les légitimistes réunis à l'opposition de gauche continuent à assurer la victoire d'Arago : la chronique rapporte que cette élection fut accueillie à Perpignan avec beaucoup d'enthousiasme et que les *mathouets* illuminèrent la rue Arago[2] ».

Nous verrons, aux nouvelles élections législatives de mai 1846, le drapeau républicain vaillamment porté à travers toutes les communes roussillonnaises et nous suivrons, avec un vif intérêt, les luttes et les triomphes successifs de notre illustre compatriote F. Arago, toujours sur la brèche et toujours victorieux.

Pendant cette période de seize années, les élections successives de François Arago n'avaient rien eu de sensationnel. On avait reconnu d'emblée et son mérite et son talent, voire même son génie. Son nom seul était déjà acclamé dans notre département et toute candidature qui pouvait lui être opposée était vouée d'emblée à un échec certain. Il avait donc pu supplanter aisément les Lacombe

1. Extrait de l'*Histoire du parti républicain*, par H. Chauvet, p. 29.
2. *Ibidem*, p. 29.
3. H. Chauvet, *op. cit.*, p. 29.

Saint-Michel, les de Montcalm, malgré leurs titres de noblesse, et les Durand. De plus, le *Journal des Pyrénées-Orientales*, la seule feuille locale de l'époque qui représentait le Gouvernement et qui, plus tard, devait combattre F. Arago avec tant d'acharnement et de haine, ajoutait à son crédit. Son rôle politique avait satisfait largement tous ses électeurs jusqu'au 6 novembre 1837, époque à laquelle il était élu sans concurrent[1].

Nous allons voir, à partir de ce moment, de 1839 à 1848, et dès les nouvelles élections législatives qui devaient avoir lieu le 16 février 1839, à la suite de la dissolution de la Chambre, le *Journal* se retourner contre lui, par jalousie sans doute, entraînant avec lui ceux qui l'avaient soutenu, adulé, défendu et élu.

Je m'étendrai longuement sur cette deuxième période, qui va de 1840 à 1848, pendant laquelle la France, troublée, bouleversée, put néanmoins sortir triomphante des épreuves pénibles et sanglantes qu'elle avait subies.

Nous verrons, pendant cette période qui dura environ une dizaine d'années, notre illustre compatriote tenir tête à tous ses ennemis avec noblesse, avec force, défendant de toute son énergie les intérêts de la France en péril.

1. Par 268 voix sur 280 votants. Élu aussi dans le VIe arrondissement de Paris, il opta pour Perpignan.

CHAPITRE SECOND

LA CHAMBRE EN 1840

§ 1. — Considérations générales.

Les chefs de partis dans la Chambre, MM. Thiers, Guizot, Odillon Barrot, venaient de se liguer contre M. Molé. On oubliait les dissidences d'opinions et les rivalités personnelles pour livrer un assaut définitif à l'autorité royale. Les amis de la dynastie allaient lui porter le premier coup, tant il est vrai qu'on est perdu souvent par ses amis avant de l'être par ses ennemis. La Chambre, autrefois, renversait les cabinets; M. Molé faisait dissoudre la Chambre. La coalition manœuvra si bien dans les élections qu'elle l'emporta de 45 voix. M. Molé se retira. La Chambre triomphait de la Cour; la tradition parlementaire, de la tradition monarchique; les députés avaient vaincu le roi.

La victoire, comme toujours, divisa les coalisés. Pendant deux mois, les systèmes, les combinaisons, les prétentions se heurtent et s'embarrassent : les portefeuilles sont offerts, acceptés, rendus, échangés, refusés. Des ministres provisoires sont institués pour expédier les affaires. Le désordre devient si grand que les républicains en profitent pour tenter une insurrection. Le 12 mai, Barbès et Blanqui font descendre leurs hommes dans la rue et, au nom des idées les plus subversives, recommencent les barricades. Ce péril termine toutes les discussions. Le même jour, le ministère dit du 12 mai se formait, sous la présidence du maréchal Soult. Aucun des chefs de la coalition n'en faisait partie. Ce fut sous ce ministère que de graves complications surgissaient en Orient.

Aussitôt qu'il eut mesuré la portée de la convention du 15 juillet[1], le ministère prit une attitude résolue. Un grand mouvement se fit dans les arsenaux; les classes de soldats disponibles furent appelées sous les drapeaux. Les fêtes anniversaires des journées de Juillet présentèrent un caractère d'animation extraordinaire, qui tenait des circonstances et de la translation des victimes de 1830 sous la colonne qu'on avait élevée place de la Bastille.

On revenait sur la question des fortifications de Paris, agitée déjà en 1833. Deux systèmes étaient en présence : l'enceinte continue et les forts détachés. On combina les deux systèmes et, le 13 septembre, *le Moniteur* publiait une ordonnance qui ouvrait un premier crédit pour les fortifications de Paris. Le 19, les travaux étaient commencés. L'agitation gagna bientôt toute l'Europe. L'Allemagne, alarmée des grands préparatifs de la France, recommençait à faire entendre des menaces : elle répondit à nos chansons patriotiques par les chansons de Kœrner et d'Arndt et appela tous les citoyens à la défense du *libre Rhin allemand.*

M. Thiers ne reculait pas devant la nécessité d'une guerre. Il sentait que si la France montrait de la fermeté, l'Europe hésiterait à la braver. Mais le roi et les conservateurs ne voulaient pas, en 1840, suivre une ligne toute contraire à celle qu'ils avaient suivie en 1831. Ils avaient déjà fait des sacrifices au maintien de la paix et à l'alliance

1. Le traité de Londres, signé « sans nous et contre nous » entre les cours d'Angleterre, de Russie, d'Autriche et de Prusse, promettait au sultan l'appui des quatre puissances et même leurs forces militaires pour faire accepter de Méhémet-Ali l'arrangement proposé par le sultan et admis par les puissances.

anglaise ; ils pouvaient bien leur ajouter celui d'une question spéciale : cette politique était celle du roi et de Guizot qui, de Londres, mesurait avec effroi les périls que couraient les doctrines de conservation.

Thiers perdait chaque jour du terrain : il négociait pour plaire au roi et n'en continuait pas moins ses préparatifs belliqueux. Peu après, Thiers donnait sa démission ; Guizot le remplaçait : la position du nouveau cabinet était nettement déterminée par le maintien, à tout prix, de la paix. « Le cabinet du 29 octobre, disait le ministère, veut la paix certaine, et il l'aura. »

L'année 1840 paraît couper en deux le règne de Louis-Philippe. Dans la première moitié, les agitations avaient été fréquentes à l'intérieur et les crises ministérielles nombreuses. A l'extérieur, la paix avait été maintenue, mais les dangers d'une guerre générale avaient toujours été imminents. La crise de 1840 passée, tous ces dangers disparurent : les puissances avaient cru cette fois aux dispositions pacifiques de Louis-Philippe. A l'intérieur, le Gouvernement parut affermi. Le cabinet du 29 octobre 1840 demeurait, sauf quelques modifications, le même jusqu'en 1848 : l'histoire de ce cabinet forme comme une période spéciale du règne de Louis-Philippe, et Guizot, ministre des Affaires étrangères, y joua le principal rôle. Son talent oratoire, la netteté de ses doctrines, sa décision et sa fermeté lui donnèrent une grande autorité dans le Conseil et une victorieuse influence dans les Chambres.

Tel était l'état de la France jusqu'en 1842, où de nouvelles élections devaient amener à la Chambre une majorité acquise au ministère, bien que l'opposition y comptât encore de nombreux et ardents soldats.

A ce moment, après les succès d'Arago, qui venait d'être réélu, le 16 juillet 1842, sans concurrent, le parti républicain, qui s'était affaibli en France, n'avait pas gagné du terrain dans les Pyrénées-Orientales. Tandis que Carnot annonçait qu'il était prêt à se rallier à la monarchie « pour lui faire accomplir les réformes indispensables », François Arago, découragé, déclarait en 1844 que « le gouvernement constitutionnel, monarchique et héréditaire est le seul qui puisse prendre racine en France et y fructifier », monarchie avec des institutions républicaines, bien entendu[1].

Après la mort tragique du duc d'Orléans[2], le petit-fils de Charles X, comte de Chambord, s'était rendu à Londres, où 3.000 légitimistes étaient allés lui présenter leurs hommages. Des députés même n'avaient pas craint de se joindre à eux. Dans son adresse de 1844, rédigée par Saint-Marc Girardin, la Chambre avait *flétri* ces manifestations. Une vive discussion s'était engagée sur ce mot, qui devint l'occasion d'une des séances les plus orageuses qu'on eût vues depuis longtemps.

A cette époque, après le traité conclu à Taïti[3] et ratifié à Paris[4], et à la suite de certains actes d'hostilité, le contre-amiral Dupetit-Thouars occupait définitivement la principale des îles de la Société, depuis longtemps soumise à l'influence des Anglais. Ce fut un grand émoi en Angleterre, où les sociétés bibliques ne manquèrent pas d'élever la voix en faveur de *Pritchard*[5], « missionnaire-pharmacien-consul, principal instigateur des troubles, qu'on avait avec raison mais violemment expulsé[6] ». Le désaveu de l'amiral Dupetit-Thouars, l'indemnité récla-

1. Extrait de l'*Histoire du parti républicain*, par H. Chauvet, p. 30.
2. 13 juillet 1842.
3. 9 septembre 1842.
4. 28 avril 1843.
5. Nous verrons plus loin quel rôle important on fit jouer à ce personnage au sujet des élections qui devaient avoir lieu.
6. Ducoudray, *Histoire contemporaine*, chap. xxi, Affaire de Taïti.

mée à la Chambre pour les torts faits à Pritchard avaient vivement passionné le pays[1].

En France, nous avions mécontenté l'Angleterre en cherchant des positions et des comptoirs dans l'Océanie; l'entente cordiale était ruinée : notre mésintelligence avec cette nation nous réduisait à l'isolement.

On peut dire que l'attention de la France était, à ce moment, entièrement absorbée par les événements survenus dans la Grande-Bretagne. Les Chambres devaient s'ouvrir dans quelques jours et, dans leur appréciation des faits, les journaux ministériels ne se préoccupaient guère que de la secousse inévitable déjà ressentie par le cabinet français. L'*entente cordiale* était-elle réellement menacée? L'opposition émettait son avis, mais sans perdre de vue son thème d'alors : la Réforme, qui était à l'ordre du jour. Un troisième fait s'était aussi produit : l'ouverture de la session des trois Conseils de l'Agriculture, des Manufactures et du Commerce, qui depuis quatre ans, malgré les dispositions d'une ordonnance royale, ne s'étaient pas réunis.

Nous allons voir aux futures élections l'énergique défenseur des lois sociales, Arago, qui sut tenir tête fièrement à ses adversaires, porté en triomphe par tous les républicains roussillonnais.

PRÉPARATIFS D'ÉLECTION

§ 2. — LA CANDIDATURE DE F. ARAGO EN 1846[2].

On était au mois de janvier 1846. Le ministère paraissait toujours décidé à faire les élections en juillet ou en

1. En 1844.
2. D'après divers documents, imprimés, journaux, pièces histori-

août; il avait eu même le soin de prévenir ses amis,
ajoutant qu'un échec ne le déciderait pas à se retirer et
ne ferait que hâter la dissolution. Il savait que c'était le
seul moyen de s'assurer l'appui invariable des timides
et des douteux : par les moyens de captation dont il dispose, le pouvoir est le grand électeur, et la plupart des
électeurs savaient bien que, sans l'appui de l'administration, ils ne seraient pas réélus.

Mais *le château* ne paraissait pas aussi déterminé que le
ministère à cette mesure décisive. Il voulait *la dotation;*
il la lui fallait absolument. « Comment, s'écriait-on, nous
aurions maintenu vingt fois ce ministère sur le bord de
l'abîme; nous aurions fini par rallier autour de lui une
majorité de 60 voix et il voudrait la garder pour lui seul?
Et ces députés, qui ont tous ce qu'ils demandent, qui
sont tous vantés, eux et leurs familles, rejetteraient une
loi de monarchie et de dynastie? »

Cela ne se pouvait pas. Il fallait prouver à l'Europe
qu'on ne saurait refuser une demande aussi légitime à
une famille aussi populaire et aussi utile. On disait surtout que M. Guizot était très embarrassé; car il y avait
beaucoup de conservateurs qui ne voulaient pas entendre parler de la dotation. D'un autre côté, certains
membres du centre gauche qui l'auraient votée autrefois,
étaient décidés à la refuser. M. Guizot n'était pas le maître seul.

En vue des élections qui devaient avoir lieu, un Comité électoral venait de se former. On avait fait appel à
tous les hommes de cœur qui souffraient de « l'abaisse-

ques : *l'Émancipation, l'Éveil, l'Indépendant, le Journal des Pyrénées-
Orientales, la Gazette du Languedoc, le Journal des Débats.*
Je m'étends principalement sur cette période, celle-ci ayant fourni
à l'illustre savant une lutte acharnée, une opposition insensée de la
part des représentants du pays.

ment de la France et du gaspillage des richesses publiques. » L'œil ouvert sur toutes les fraudes, sur tous les abus, sur tous les faits matériels et moraux de corruption ou de séduction, les amis de l'ordre s'engageaient à les dénoncer impitoyablement : ainsi, disaient-ils, force devait rester, « à l'éternelle justice, qui vaut bien la loi, les ordonnances, les arrêtés et les faveurs préfectorales! » En agissant ainsi, les amis de la liberté des suffrages comptaient voir les cupides électeurs si longtemps aveuglés ou complices éclairés, ébranlés par le remords, par le danger, reconquérir enfin leur indépendance, repousser les hommes de corruption, choisir les amis décidés à une prompte et sage réforme, réclamée à la fois par les hommes sensés et par les sincères amis du gouvernement représentatif; c'était, disaient-ils « le seul moyen peut-être de reprendre notre caractère, l'honneur, cette foi de la France, qui a produit plus de hauts faits que tous ces rubans dont l'intrigue, la bassesse, la méchanceté se parent, et qui pour être respecté devrait toujours être le signe d'une supériorité incontestable. »

La question électorale s'agitait autour du fameux projet de chemin de fer de Narbonne à Perpignan qui allait être déposé sur le bureau de la Chambre des députés. En effet, dans le courant de l'année 1845, quelques habitants de Perpignan, affligés de la torpeur dans laquelle on se complaisait ici, et voyant à quel point on négligeait notre département, pendant que tout s'agitait et marchait dans les autres provinces, conçurent le projet d'étudier à leurs frais le projet en question. Ils eurent à lutter d'abord contre l'indolence et l'apathie de certaines personnes, et contre cette appréhension, dissipée partout ailleurs depuis longtemps, et causée par les accidents qui arrivaient parfois sur les nouvelles voies de communication. Heureux d'avoir tenté les premiers et à leurs risques, quelque chose d'utile pour leur pays, ces citoyens ne s'effrayèrent pas de la dépense. Il entrait dans leur pensée d'appeler l'attention du gouvernement sur l'utilité éminente du projet, comme aussi de le déterminer à prendre l'initiative en lui soumettant des études complètes.

Le projet transpira dans le pays, bien avant que le gouvernement en ait eu connaissance. Aussi, le Conseil d'arrondissemeut de Perpignan s'empara-t-il de suite de la proposition, émettant un vœu favorable suivi d'un rapport qui fut transmis au Ministre par le Préfet. Des fonds furent alloués immédiatement par le Ministre, et les études officielles commencèrent. Des plans étaient déposés à la Préfecture; les études particulières furent dès lors abandonnées : le but était atteint.

Mais, à côté des besoins du pays, il y avait des besoins politiques : « Les élections prochaines, dit le journal, et deux candidatures ébranlées à raffermir[1]. » A ce moment, on devait discuter à la Chambre la proposition Duprat, relative à la ligne de Bordeaux à Cette. C'est alors que devait apparaître le fameux amendement connu à l'avance, et on assisterait au coup de théâtre.

Voici à ce sujet la critique spirituelle du reporter qui met en scène très lumineusement ses personnages : « M. de Castellane (fils) pris d'une attaque de zèle subite, fera son entrée et débitera son prologue. Le Ministre lui donnera la réplique et même le poussera peut-être un peu vivement, afin de donner plus de prix à sa victoire, jusqu'à ce que succombant de bonne grâce sous ses coups, et cédant à de vives raisons; il se résigne à imposer aux futurs concessionnaires de la ligne de

---

1. Il s'agissait des candidatures Garcias et Parès, députés des IIe et IIIe arrondissements contre celle de François Arago.

Cette l'embranchement de Perpignan. Le programme
sera rempli, le tour bien joué; le chemin de fer sem-
blera extorqué à la ténacité ministérielle; le marquis de
Castellane aura fait la petite guerre à l'instar de son
père, et le bon public n'y aura vu que de la fumée. Puis
les députés triomphants, la palme en mains, viendront
solliciter des électeurs éblouis une récompense à leurs
yeux plus solide, leur réélection. »

Mais les partisans d'Arago veillaient : ils étaient assurés de son triomphe qui devait arriver naturellement et sans effort; car s'il est des hommes qui se pas-
sent d'éloges, notre pays n'avait pas besoin qu'on lui
rappelât le respect dû à une gloire qui était devenue la
sienne.

Du reste, le Comité électoral, tout organisé, s'était
chargé de la police morale du pays, police au grand jour,
opposant la publicité au mystère.

On avait essayé de faire accroire à notre pays que deux
de ses députés se présenteraient fièrement aux prochaines élections avec un chemin de fer en poche; et le
pays, qui savait à quoi s'en tenir sur l'influence de ces
personnages, avait déjà souri de l'importance que ceux-ci
se donnaient. Un troisième et nouveau candidat devait
exhiber les mêmes titres qui avaient valu à ses ancêtres
les grandes et les petites entrées sous les rois carlovin-
giens : à l'appui de ces parchemins prescrits, on offrait à
l'un de nos cantons les plus populeux quelque chose de
plus sonore, un fonds de secours pour la création d'un
port qu'il sollicitait avec raison.

Mais notre pays, disait avec juste raison le chroniqueur, devait s'en tenir « à l'homme qui vaut à lui seul
toute une galerie d'illustrations de la force de son concurrent anonyme ». Les habitants des Pyrénées-Orientales
étaient du reste trop fiers « d'une gloire qui est devenue

la leur, pour s'en déshériter de leurs propres mains. Ils tiennent à M. Arago plus qu'un marquis à son blason. On peut répudier le patrimoine de ses pères, mais leur gloire, jamais ».

CHAPITRE TROISIÈME

La grande question qui pouvait diviser les partis à cette
époque était la question des chemins de fer. A croire sur
parole l'historien de la loi de 1838[1], il semblait que l'embranchement de Narbonne en était le point capital, tandis
qu'il n'était question que de sept grandes lignes rayon-
nant de Paris dans toutes les directions. A cette date,
Arago, rapporteur de la Commission, venait de faire
échouer le projet du Gouvernement : c'était là le prétexte
pour établir qu'Arago avait privé ses concitoyens d'un
chemin de fer qui n'existait pas même sur le papier.

Le vrai motif qui poussait Arago à l'ajournement de ce
projet, c'est que l'illustre savant était persuadé que le
système des chemins de fer était susceptible d'un grand
perfectionnement. Il lui paraissait donc sage d'attendre et
de se réserver les bénéfices du temps et de l'étude. Imbu de
ces idées, Arago, dans un rapport lumineux qui réunissait
tous les suffrages, avait conclu pour l'ajournement; et,
en ce sens, il avait fait preuve de vues profondes et fait
acte de bon citoyen. En effet, à cette époque, seul le parti

---

1. Le ministère Molé, point de mire de toutes les attaques, avait
présenté une loi de chemins de fer, demandant l'exécution par l'État
de *sept* lignes capitales. En principe, il avait raison; mais le ministère chancelait. Thiers l'attaquait; Guizot le harcelait : en somme,
on se disputait sa succession. Le moment était donc mal choisi par
le ministre de demander à être investi du pouvoir le plus étendu
qu'ait jamais obtenu un homme d'État.

national, objet des critiques complaisantes de ses adversaires, se montrait le soutien véritable de l'État et de la saine morale. Arago, prévoyant l'avenir, avait fait le tableau de l'agiotage auquel on assistait; il avait deviné « ces charlatans frappant sur une caisse vide pour y appeler les capitaux; ces actions mendiées, arrachées, vendues en échange de la protection des ministres, des commis, des députés, des hommes de cour ». Il avait, dans sa haute sagesse, conclu que l'État devait rester le dépositaire de la fortune publique. Il avait également prévu que le chemin de fer de Narbonne à la frontière pourrait « s'exécuter d'après un système nouveau et moins dispendieux »; qu'on pourrait éviter de percer le col du Perthus; que cette dépense écartée, les difficultés seraient aplanies.

Du reste, Arago s'était dévoué pour le maintien de l'ordre : pendant qu'à Paris on démolissait l'Archevêché, à Perpignan on saccageait le Séminaire. Là-bas, Arago s'opposait au désordre, *même au péril de ses jours*, dit le reporter de l'époque.

C'était au mois de décembre 1830, à propos du procès des ministres; l'émeute grondait autour du palais du Luxembourg et, à la tête d'une compagnie de garde nationale, Arago s'était présenté hardiment devant les émeutiers pour les calmer et rétablir l'ordre compromis. Le 14 février 1831, une nouvelle émeute saccageait l'Archevêché et menaçait Notre-Dame. Le préfet de police dînait tranquillement à la table royale, car les insurgés, qui ne s'attaquaient qu'à des choses saintes, n'étaient pas dangereux pour la sûreté de l'État. On les laissait faire. Un homme, Arago, paraît sur le parvis Notre-Dame : impuissant à contenir la fureur populaire, entraîné vers la Seine, où on voulait le précipiter, il ne dut son salut qu'à son esprit d'à-propos et à sa fermeté.

Il est intéressant de rappeler les faits historiques de l'époque ; ils grandiront la belle figure de l'homme éminent : « Trop faible pour lutter contre les démolisseurs, dit l'historien du jour, M. Arago envoya demander du renfort au commandant-général de la garde nationale de Paris. L'envoyé ne reparut pas : il écrivit que les secours allaient arriver ; ils furent vainement attendus. La surprise de M. Arago était extrême : il s'expliquait malaisément que le pouvoir se fît complice de l'émeute, etc.

« Les démolisseurs poursuivaient leur œuvre avec une fureur croissante. Témoin de cette lugubre comédie, M. Arago frémissait de son impuissance, et comme savant, et comme citoyen. Convaincu, enfin, qu'il y avait parti pris, de la part du pouvoir, de favoriser l'émeute, il allait donner ordre à son bataillon d'avancer, décidé à tout plutôt qu'à une résignation grossière, lorsqu'on vint l'avertir que quelques personnages marquants, mêlés aux gardes nationaux, les engageaient à laisser faire. On lui citait particulièrement M. Thiers, sous-secrétaire d'État au ministère des finances. Il l'aperçut, en effet, se promenant devant ces ruines avec un visage satisfait et le sourire sur les lèvres.

« Vers trois heures, une légion de la garde nationale parut, mais pour parader seulement autour de l'édifice, et comme M. Arago invitait le commandant, M. Talabot, à entrer dans l'Archevêché pour que l'émeute fût du moins chassée du théâtre de ses dévastations : « J'ai ordre, « répondit M. Talabot, de paraître ici et de m'en aller. »

Du reste, la candidature d'Arago s'imposait dans le Roussillon. On était même étonné, dans les hautes sphères, de voir que cette candidature pouvait être combattue, tant le nom d'Arago inspirait du respect en France.

Voici ce que disait à ce sujet la *Gazette de France*, qui se faisait l'écho des bruits qui circulaient au sujet des attaques du *Journal des Pyrénées-Orientales*. Dans ces quelques lignes, le rédacteur prévoyait, avec son bon sens, qu'on élèverait un jour une statue à ce grand homme. Les événements lui ont donné raison. Voici ce que le chroniqueur de la *Gazette*[1] écrivait à ce sujet :

« Nous avons sous les yeux un fait plus grave encore que toutes les dénonciations électorales dont retentissent les deux tribunaux depuis quelques jours.

« Il y a un homme dont toute la France s'honore et que l'Europe admire, un homme dont les hautes lumières et le patriotisme sont supérieurs à toutes les passions des partis et qui, plusieurs fois, à apporté à la Chambre le secours de ses connaissances pratiques sur les plus importantes questions. Eh bien! dans sa ville natale, le *Journal de la Préfecture* ose demander que cet homme, QUI AURA UN JOUR DES STATUES A PERPIGNAN[2], ne soit pas nommé et qu'on lui préféré quelque ministériel ou quelque *tory* de l'endroit.

« Le *Journal de la Préfecture* ose demander à M. Arago où il était le 18 avril. Il était à l'Institut avec les savants qui sont la gloire de la France. Cela valait bien autant que de paraître à la Cour. »

A cette époque, où l'opposition s'efforçait d'entraver l'élection du grand savant, celui-ci, dans une lettre retentissante, lançait une diatribe contre ses détracteurs au sujet du port projeté du Bordigol ou du Barcarès.

---

1. *La Gazette de France*, 26 mai 1846. On peut juger, à un siècle de distance, comment un rédacteur parisien glorifiait le clair génie de notre compatriote.

2. Nous étions en 1846. Perpignan, comme l'avait si bien prévu le rédacteur, devait élever à Arago sa statue.

§ 2. — Projet de création d'un port au Barcarès. — Opposition a la candidature d'Arago. — Manœuvres électorales.

Voici la lettre qu'Arago adressait de Paris, le 26 mai, à ses concitoyens :

« Messieurs,

« ..... Je n'ai jamais pensé que Port-Vendres, si important au point de vue militaire, satisfît aux besoins commerciaux de notre département. La création d'un port marchand, soit au Bordigol, soit au Barcarès, a été, chez moi, depuis plusieurs années, une pensée dominante. C'est à ma prière que M. l'Inspecteur Monnier, hydrographe de la marine, vint, en 1842, étudier nos côtes de la Salanque[1] avec un soin minutieux. M. Monnier analysa son travail dans un mémoire dont il ne me parut pas utile de publier les conclusions décourageantes. Il me semblait que les difficultés signalées par lui pourraient être vaincues. Je m'étais livré à diverses recherches à ce sujet, lorsque les journaux annoncèrent que l'amirauté anglaise avait fait commencer, devant Brighton, des expériences capitales sur les effets des brise-lames flottants... (Suit une étude à ce sujet où les expériences contradictoires ne donnèrent aucun résultat appréciable.)... »

« Je terminais cette lettre, écrit Arago, lorsqu'on m'a communiqué *deux articles* du *Journal des Pyrénées-Orientales*. Comment! déjà des dénonciations ! J'avoue que cette audace me confond. On me fait prier de ne point parler

---

[1]. Aujourd'hui, le port du Barcarès est très prospère. C'est une station importante de notre chemin de fer départemental.

de certaines démarches, *très étranges*, dont le hasard m'a rendu presque témoin, et peu de jours après, je suis attaqué avec une telle violence! Il y a dans cette conduite un enseignement dont je profiterai : dès que l'ordonnance de dissolution aura paru, je me rendrai à Perpignan. Nous verrons alors si la calomnie, certaine d'être réfutée dans les vingt-quatre heures, osera lever la tête aussi effrontément. En attendant, je m'engage à ne pas laisser sans réponse une seule des accusations ridicules entassées dans les deux fameux articles. J'ai la satisfaction de penser que ces libelles n'émanent pas d'une plume roussillonnaise. Dans notre pays de loyauté, tout le monde rougirait d'attacher son nom à des écrits qui blessent si outrageusement la vérité, le bon sens et la logique.

« J'adresserai sous peu de jours à l'*Indépendant* une réfutation détaillée des deux *factums* du *Journal des Pyrénées-Orientales*. Ayez la bonté de dire à M. Lefranc[1] qu'il recevra en même temps un très long extrait de mon *Éloge de Monge*[2]. Je désire que mes compatriotes aient les premiers, sous les yeux, l'aperçu historique que j'ai tracé de la vie de mon illustre ami. C'est par ce motif qu'aucune partie de mon travail n'a encore paru dans la presse parisienne. »

[1]. Directeur gérant de l'*Indépendant* en 1846-47.
[2]. Cet extrait a paru dans ce journal du 17 juin 1846, sous le titre : *Variétés : Fragment de la biographie de Monge, par M. Arago, Secrétaire perpétuel de l'Académie des Sciences.*

CHAPITRE QUATRIÈME

PRÉPARATIFS D'ÉLECTIONS. — MANIFESTE ÉLECTORAL
(22 mai 1846.)

Le 22 mai, en vue des prochaines élections, un Comité venait de se former : Voici l'appel vibrant qu'il lançait aux électeurs. Cet appel est une vraie page d'histoire qui nous reporte aux événements palpitants de l'époque, et une très fine critique de la politique de cette époque.

Avis à MM. les Électeurs.

« Un Comité se forme à Perpignan, en vue des prochaines élections.

« Le candidat est désigné par la voix publique. C'est celui de nos compatriotes qui nous honore le plus et qui nous représente depuis quinze ans.

« Si vous partagez cette opinion, si vous êtes prêts à tous les efforts pour la faire triompher, une place vous attend au Comité... »

Manifeste électoral (22 mai 1846).

« L'ordonnance de dissolution va paraître : de nouveaux députés vont être élus. Leur mandat prendra son origine dans la Révolution de juillet, que nous ne saurions oublier. Chargés de la faire marcher dans sa route véritable, leur tâche est immense, et leurs devoirs sont importants et délicats.

« La France isolée encore, après quinze ans, dans la
grande famille européenne, ne compte aucun allié parmi
les potentats qui la maîtrisent. Les populations seules peuvent avoir de la sympathie pour nous mais, comprimés
sous la verge de fer qui les tient assujetties, leurs efforts
n'ont réussi qu'à prouver ou la faiblesse de nos ministres, ou leur tiédeur pour les intérêts populaires. La Pologne, après nous avoir deux fois vainement invoqués,
cherche encore dans son courage des ressources suffisan-
tes pour repousser la tyrannie et conquérir sa liberté. Et
nous, après avoir donné l'éveil au monde, sans influence
au dehors, répudiés par les peuples que nous avons compromis ou délaissés, regardés toujours d'un œil hostile
par les potentats, nous n'avons qu'une existence précaire,
constamment menacée et achetée au prix de honteuses
concessions.

« Électeurs, cette voie est fatale, déshonorante et nous
mène à un abîme. Le sort du pays est aujourd'hui dans
vos mains. Une grande responsabilité pèse sur vous. Elle
est d'autant plus forte que votre mandat électoral n'émane
point des populations que vous représentez. Ne vous y
trompez pas : c'est par un simple article de loi que vous
êtes imposés à la nation[1]. D'autres que vous, et en grand
nombre, ont droit à la même plénipotence. La loi vous
a supposés les organes éclairés de l'opinion publique :
faites en sorte que cette conviction se convertisse en réalité.

« Et d'abord, condamnez hautement tous les engage-

1. Il est bon de rappeler — pour expliquer la phrase de ce manifeste — que les députés étaient nommés par les électeurs inscrits aux
rôles des contributions directes jusqu'à la somme de 200 francs, vio-
lant le principe de l'égalité. Ce fut à ce système que s'attaquèrent les
demandes de *réforme électorale*. On réclama également la *réforme
parlementaire :* ces deux réformes furent repoussées par la Chambre
en 1847.

ments prévus que certains d'entre vous peuvent avoir pris de longue main envers tel ou tel candidat... L'intérêt général plane sur tous les intérêts particuliers : que tous s'effacent et s'anéantissent devant lui. *Un département tout entier doit savoir se sacrifier à la France quand la France l'exige.* Réservez donc vos suffrages, vous dont le choix n'est pas encore fixé. Écoutez l'opinion publique, elle est l'expression de la vérité; car elle se refuse à ces influences privées dont l'amour-propre ou l'égoïsme sont l'unique mobile. Il nous faut les députés les plus capables, les plus intègres, ceux qui portent et porteront le plus haut la gloire du pays; ceux qui, héritiers des fondateurs de notre liberté et continuateurs intrépides de 89, de cette immortelle Constituante, connaissent toute la portée de ses principes, et sauront dans la nouvelle Chambre les ressusciter et en assurer le triomphe.

« Serait-il vrai que quelques électeurs, soi-disant patriotes, eussent commis l'imprudence de se lier étroitement pour faire triompher les candidats que l'administration leur impose? Ils ne voient pas qu'ainsi les premiers, ils portent un coup mortel à l'indépendance nationale, et à la leur personnellement. Ah! quand nous flétrissons les intrigues et les influences ministérielles, n'est-ce donc que pour nous livrer entre les mains de quelque coterie puissante qui, sous le nom de bien public et d'intérêts privés, repousse de tous ses efforts le candidat qu'accompagnaient les vœux d'une population entière, pour nous imposer celui de son choix? La France repousse avec une indignation égale à la vôtre cette nouvelle tyrannie. Les électeurs doivent être libres, et pour cela il faut que chaque électeur, délié de tout engagement, exprime librement son vote. Le mérite des candidats (et il en est de tels qui ne sauraient souffrir de comparaisons) doit seul déterminer la préférence.

« Nous nous adressons aux trois arrondissements. Nous
leur adressons un langage d'hommes libres, et nous en-
gageons tous nos citoyens à secouer le joug que pour
notre compte nous avons déjà brisé! Heureux si nos faibles efforts peuvent procurer à notre patrie la liberté
qu'elle réclame, lui rendre cet éclat qui se ternit de plus
en plus, et l'élever enfin à ce degré de prospérité qu'elle
a le droit d'attendre de la richesse de son sol, de l'industrie et de l'activité de ses enfants : « Honneur national,
« indépendance, guerre à la corruption : telle est notre
« devise. De notre temps les hommes de cœur ne sau-
« raient en adopter d'autre. »

Malgré la célébrité de notre illustre compatriote qui,
suivant les propres termes des électeurs indépendants[1],
« sacrifie ses intérêts à ceux de la patrie, honore non seulement cette commune par la naissance de sa mère, mais
même le département, la France, l'Europe entière, » l'Administration s'efforçait par des démarches obséquieuses
et des insinuations louches « de courtiers-marrons électoraux » de battre en brèche Arago pour le remplacer par
le marquis de Contades, attaché à l'Ambassade de Constantinople. Pendant les deux mois que le nouveau candidat avait passés dans le pays, on avait tenté toutes les
manœuvres, fait mille promesses. Mais si l'on était par-
venu à séduire quelques électeurs de la ville, il en était
tout autrement des électeurs des campagnes, qui devaient
rester presque tous fidèles à leur député. « Le département des Pyrénées-Orientales, écrivait *Le Constitutionnel*,
considère à bon droit M. Arago comme une de ses gloires,
et il ne fera pas la faute de lui fermer les portes de la
Chambre... On assure, ajoute-t-il, qu'à l'origine, le minis-

1. Lettre datée de Corneilla-de-la-Rivière, datée du 20 mai 1846,
et signée de Castera et Roig-Aragon, maire de cette commune.

tère, obéissant à un sentiment de convenance, ne comptait pas combattre la réélection de M. Arago. Mais certaines exigences ont pesé sur lui, et il est revenu sur sa première détermination. »

En effet, quelques jours avant les élections, le *Journal de la Préfecture*[1] qui, en 1831, avait acclamé Arago, le combattait violemment : « Les électeurs, écrivait-il, appelés à faire un acte politique ne feront, en repoussant M. Arago, qu'imiter, je le répète, ses amis d'aujourd'hui. Est-ce pour la Science que ceux-ci le nomment? C'est encore une fois pour ses opinions; car, c'est malgré la Science qu'ils l'ont jadis repoussé[2]. » Et le même journal, sur un mode dithyrambique, avait écrit qu' « Arago a reçu dans presque toutes les populations où il est passé des marques non équivoques de l'amour de ses concitoyens. Dans les communes où il ne pouvait s'arrêter, les habitants venaient en foule au-devant de lui, le plus souvent ayant leurs magistrats en tête ou précédés de la garde nationale. Divers banquets lui ont été offerts... On a remarqué avec plaisir que les hommes de toutes les opinions ont voulu contribuer à fêter, non seulement l'homme politique, mais surtout le savant que l'Europe nous envie, et qui fera toujours la gloire de notre département[3]. »

1. *Journal des Pyrénées-Orientales*, 27 mai 1846.

2. Ce même journal disait : « Avec M. Arago, plus de religion, plus d'instruction, le bouleversement des propriétés, etc. »

3. *Journal des Pyrénées-Orientales*, 8 septembre 1832. Il sera intéressant, en dehors de la politique, de voir avec quelle finesse d'esprit le grand savant opposait ses critiques à ses détracteurs.

CHAPITRE CINQUIÈME

§ 1. — La lutte électorale. — Lettre d'Arago.
Réponse à un diffamateur.

Non seulement on essayait de diminuer l'homme politique, mais on s'efforçait de porter atteinte au savant. Un article injurieux d'un Italien, Libri, que du reste F. Arago avait chaudement recommandé, alors que le savant étranger obtint une place de professeur à la Sorbonne, avait forcé Arago à répondre aux attaques maladroites dont il était l'objet et qui se retournèrent contre l'auteur ingrat de ce libelle.

Voici la lettre qu'Arago adressait au *Journal des Débats* :

« Monsieur le Rédacteur,

« Le numéro du *Journal des Débats* renferme un article, signé G. Libri, dans lequel il y a presque autant d'imputations blessantes et contraires à la vérité, qu'on y compte de phrases. Aujourd'hui j'en relèverai seulement deux : celles qui, en les supposant fondées, flétriraient le caractère du Secrétaire perpétuel de l'Académie des Sciences ; celles qui tendraient à faire supposer que je veux transformer le bureau de l'Académie en tribune politique et les biographies[1] des Académiciens en *réclames* électorales. Je ferai très facilement justice, dans une prochaine occasion, des autres critiques sans fondement

1. Arago venait de publier une remarquable étude sur *Monge.*

contenues dans le *factum* de l'érudit de Florence. Je n'oublierai pas surtout de repousser énergiquement les outrages que M. G. Libri n'a pas craint de déverser sur la mémoire de l'illustre fondateur de l'École Polytechnique[1].

« Voici comment s'exprime M. Libri :

« M. Arago a lu successivement les éloges de Bailly, « de Carnot, de Condorcet, de Monge, s'attachant à la « partie anecdotique et négligeant de donner l'analyse « des travaux scientifiques de ces Académiciens. »

« Et plus loin :

« En s'accoutumant ainsi à ne pas lire devant le public « des ouvrages dus aux Académiciens dont il raconte la « vie, M. Arago, sans s'en apercevoir, s'expose au dan-« ger de ne pas même tracer pour lui-même ces ana-« lyses, et il court risque, par suite de l'accumulation « d'un arriéré qui, peu à peu, deviendrait effrayant, de « laisser incomplets, à tout jamais, des écrits qui ont dû « lui coûter beaucoup de travail. Après l'éloge de Watt, « prononcé en 1834, M. Arago, *si nous avons bonne mé-« moire, a lu cinq éloges en séance publique, et* CHAQUE FOIS « *la partie scientifique a été supprimée de la lecture.* »

« Prenez la contre-partie de la phrase de M. Libri, et vous connaîtrez la vérité. Les cinq éloges dont veut parler cet académicien sont ceux de Carnot, d'Ampère, de Condorcet, de Bailly et de Monge; eh bien! j'ai non seulement fait les analyses des travaux scientifiques des quatre premiers de ces savants, mais j'ai eu la *hardiesse* de les lire dans nos séances publiques, devant un auditoire composé en grande majorité de gens du monde. J'ai rappelé hier ce fait, en pleine Académie, devant M. Libri lui-même, sans que personne se soit hasardé à le révo-

---

1. Monge fut un des fondateurs de l'École Polytechnique. Il avait accompagné Napoléon en Égypte.

quer en doute. Les souvenirs parfaitement présents de plusieurs Académiciens auraient d'ailleurs mis la vérité en complète lumière.

« L'éloge d'Ampère a donné lieu dans la séance d'hier à un rapprochement très significatif. Suivant M. Libri, j'aurais lu cet éloge *en supprimant la partie scientifique*. En rendant compte de cette lecture dans le *Journal des Débats*, M. Donné disait « qu'en essayant de faire ressortir « la plus belle conception scientifique d'Ampère, M. Arago « s'y est étendu *longuement, trop longuement même* ».

« Venons à l'éloge de M. Monge :

« Ceux qui, dit M. Libri, en attendant que M. Arago « *ait complété* la *biographie de Monge*, voudraient con- « naître, etc. »

« Ainsi, en disant qu'il *supprimait*, pour abréger la lecture publique, l'analyse des principaux triomphes de Monge (la géométrie descriptive, la théorie des lignes de courbure, la représentation analytique des surfaces d'après leur mode de génération), M. Arago se serait rendu coupable d'une méprisable jonglerie; on ne peut, en effet, supprimer ce qui n'est pas rédigé.

« Heureusement, la lecture d'un discours en séance publique est toujours précédée d'une lecture en comité secret, devant une Commission académique. J'ai donc prié MM. les Commissaires de répondre hier, en séance solennelle, à cette question : « Ne vous ai-je pas lu l'ana- « lyse détaillée des trois grands travaux mathématiques « de Monge? »

« Tous ceux qui ont entendu la réponse si noble, si catégorique, si franche, si précise de M. Élie de Beaumont, président de la Commission, ne me démentiront pas quand je dirai que l'imputation misérable dirigée contre moi, à l'occasion de mon dernier éloge, a été réduite à néant.

« Jusqu'ici, j'avais laissé passer les critiques quotidiennes de M. Libri sans les relever et même sans les lire;
mais tous les honnêtes gens reconnaîtront, j'en ai la
confiance, que, dans la circonstance actuelle, en présence
d'imputations blessantes et outrageusement contraires à
la vérité, le dédain n'était pas une réponse suffisante. Je
sens, tout le premier, que de pareils débats peuvent
grandement nuire aux sciences; je reconnais combien il
serait désirable que les membres des corps savants fussent unis. Aussi, dans la petite sphère de mon influence,
me suis-je toujours attaché à rendre à mes confrères
tous les services qu'ont dépendu de moi. Le savant italien a-t-il seul été, de ma part, une exception? Je répondrai à cette question en insérant ici quelques extraits
d'une lettre que M. Libri m'écrivait pour m'engager à lui
faire donner une place fort lucrative.

« ... Maintenant, je viens parler au meilleur de mes
« amis; à celui en qui j'ai trouvé toujours appui et assis-
« tance. Me croyez-vous propre à remplir la place dont
« vous m'avez parlé hier? » Suivent deux pages d'explications et de détails dont il ne sera point donné connaissance au public, à moins que M. Libri ne le demande. La lettre n'est pas datée; mais les passages
supprimés PROUVENT *que M. Libri était déjà membre de
l'Institut* et qu'il espérait obtenir très prochainement
une place de professeur à la Faculté des Sciences ou,
comme dit la lettre, à la Sorbonne.

« Puisque vous n'avez pas d'engagéménts antérieurs,
« je vous prie de me procurer cette place. Je la rempli-
« rai avec zèle. Si je ne suis pas nommé à la Sorbonne,
« cette place suffira à mes besoins; si j'ai aussi la chaire,
« je pourrai (en cumulant les deux traitements) vivre
« avec ma mère. Dans les deux cas, ce sera un grand
« bienfait que je recevrai de vous. *La certitude de pou-*

« *voir faire le bonheur de deux personnes qui ont pour*
« *vous les sentiments d'une profonde admiration et d'une*
« *affection bien vive, doit être, ce me semble, un puissant*
« *motif pour un cœur comme le vôtre de* M'ACCORDER UN
« APPUI AUQUEL JE DOIS TOUT CE QUE JE SUIS ET TOUT CE
« QUE J'AI.

« Pardonnez-moi cette longue lettre. Si elle vous im-
« portune trop, *déchirez-la*[1], sans y plus songer, et agréez
« l'expression la plus sincère de mes SENTIMENTS de VÉNÉ-
« RATION et de RECONNAISSANCE.

« Signé : G. LIBRI. »

« Je me soumets d'avance aux appréciations de toutes
les personnes impartiales qui mettront en regard la lettre dont je viens de donner des extraits et l'article du
Journal des Débats.

« J'ai l'honneur d'être, Monsieur le Rédacteur, etc.

« F. ARAGO. »

§ 2. — OPINION DES JOURNAUX EN FAVEUR DE LA CANDIDATURE ARAGO. ÉLOGE DU GRAND SAVANT.

Tous les journaux étaient unanimes à voir surgir la
candidature de l'homme déjà universellement connu, et
dont la réputation de savant était déjà mondiale. On était
même indigné de voir opposé au nom illustre d'Arago,
un homme « fort obscur du reste, malgré ses aïeux ».
Voici ce que dit à ce sujet la *Gazette du Languedoc :*

« Si quelque chose peut inspirer un profond dégoût,
c'est ce qui se passe en ce moment par rapport aux can-

---

1. Note de F. Arago; je ne l'ai point déchirée; je conserve l'original.

didatures électorales. Ne dirait-on pas que la France a à son service trop de nobles caractères et de grands talents? Lorsqu'une nation s'enorgueillit des noms de La Roche-jaquelein, Lamartine, Arago, Béchard, Saint-Priest, Cordier et autres, le pouvoir emploie tous ses moyens pour les repousser et les vouer à l'oubli. Ses journaux s'appliquent à amoindrir et à flétrir des hommes qui sont l'honneur de notre pays.

« Et qui veut-on mettre à la place? Il peut arriver que des diamants faux soient mis au lieu de vrais, que le chrysocale soit substitué à l'or; mais ces substitutions indigentes ne peuvent être offertes comme des indices d'opulence et de goût. Connaissez-vous, par hasard, M. Boutin et M. Gérente, et M. Galmiche, et M. de Salle, et M. Decasse et M. Marquiset? Voilà le strass, le chrysocale, que l'on veut nous donner à la place des hommes que la France honore et admire!

« Ces réflexions nous ont été inspirées par les inconvenantes et ridicules attaques que le journal ministériel de Perpignan ne cesse de diriger contre M. Arago, député des Pyrénées-Orientales. Le Roussillon a l'honneur et le bonheur d'être représenté à la Chambre par une des grandes illustrations de notre époque. M. Arago appartient à toutes les Sociétés savantes de l'Europe; les plus puissants monarques lui envoient leurs décorations; la Restauration a respecté en lui la franchise et la dignité du caractère, unies à la science la plus universelle qui soit dans une tête d'homme. Et M. Arago trouve jusque dans son pays natal des détracteurs de son caractère et même de son savoir! Mais cela est misérable et honteux? Mais le pouvoir qui suggère de telles indignités à ses écrivains, n'a aucun sentiment de l'honneur national et de sa propre considération.

« Il est dans la nature des esprits supérieurs, tels que

ceux des Chateaubriand, des Lamartine, des Cormenin, des Arago, de conserver leur indépendance, de fuir ce vulgaire servilisme qui accepte le mal comme le bien, sans examen, sans discussion. Mais ce genre d'esprits ne convient point au système; il lui est antipathique et odieux. La France se trouve donc condamnée à n'être servie que par d'ambitieuses médiocrités et même par des nullités.

« Les médiocrités conviennent à M. Guizot, homme médiocre lui-même comme ministre, et qui ne déguise son insuffisance que par la morgue pédantesque du philosophe et l'obscénité de son langage.

« Quel est le candidat qu'il oppose à M. Arago, la célébrité européenne, un des hommes dont la France s'enorgueillit le plus? Un certain M. de Contades, secrétaire d'ambassade, familier du système, qui doit tout son relief à la position qu'on lui a faite, fort obscur du reste, malgré ses aïeux.

« Qu'il serait glorieux pour le Roussillon, de voir M. Arago politiquement banni comme Aristide parce qu'on l'appelle Juste, et cela pour M. de Contades! Et comme il serait honorable pour les Pyrénées-Orientales, que quelque collège du Nord de la France ne connaissant de l'illustre savant que les travaux, les services, le nom, s'empressât de lui offrir l'hommage dû à son caractère et à sa gloire! »

Le rédacteur de *La Mode* écrivait qu' « au Ministère des Affaires étrangères, on fait tout ce qu'on peut afin de démontrer qu'il y a trop de bon sens et trop de vergogne en France, pour ne pas préférer le marquis de Contades au savant Arago ».

A cette même époque, la presse ministérielle des départements (presse non subventionnée), était à ce moment animée d'un zèle tout à fait méritoire et prêtait au

Cabinet un concours aussi utile que désintéressé. Elle accusait Thiers de complicité morale avec Lecomte et déclarait tout simplement que la nomination des candidats de l'opposition devait conduire à la guerre générale et à l'anarchie.

Laissons la parole au rédacteur en chef du *Siècle* qui, très spirituellement, met à sa place le trop fameux rédacteur du *Journal des Pyrénées-Orientales*, ministériel, qui ne cessait de combattre la candidature de l'illustre savant : « Parmi les journaux qui répètent ainsi le mot d'ordre, il en est un, le *Journal des Pyrénées-Orientales*, qui se distingue par une modération et par des grâces de style toutes particulières. Après un beau morceau contre la réforme électorale « qui soumettait l'élection à l'intelligence *en tant* « *qu'emmanchée d'un bon poignet* », cet excellent journal, parlant du député de Perpignan, continue ainsi : « Mais « avec M. Arago, triomphe le radicalisme, c'est-à-dire *plus* « *de monarchie, plus de religion, plus de prospérité pour la* « *France, plus de grands travaux d'utilité publique, plus d'ins-* « *truction ;* mais le règne de l'intolérance, le bouleverse- « ment des propriétés, la guerre à l'extérieur, enfin, et « l'anarchie à l'intérieur. »

« Ceux qui depuis quinze ans siègent dans la Chambre avec M. Arago, ne se doutent guère de tous les maux qui y sont entrés avec lui ; mais on est plus perspicace à Perpignan. Ce qu'il y a de pire, c'est que M. Arago sera certainement réélu et que la France doit se préparer aux grandes catastrophes qu'on prédit. »

CHAPITRE SIXIÈME

Notre illustre compatriote avait vraiment de la bonté de reste de se retourner « contre les fourmis qui le piquent ». On peut passer sous silence d'autres calomnies doucereuses qu'on semait honteusement, entre chien et loup, sur le seuil des maisons.

Arago, après une longue patience, se décide enfin à rompre le silence et à confondre de nouveau ses détracteurs, au sujet du fameux projet de chemin de fer.

Il s'adresse au rédacteur du journal :

« Quel bruit! grand Dieu! pour un amendement rejeté! Que serait-il donc arrivé si la Chambre l'avait accueilli favorablement!

« Quant à moi, j'aurais laissé retentir toutes ces fanfares sans m'en occuper le moins du monde; mais je ne dois pas, je ne puis pas, en conscience, accepter le rôle inconvenant que les écrivains de la Préfecture se plaisent à me faire jouer. Quelques explications et chacun sera mis à sa place.

« Deux députés des Pyrénées-Orientales et un député *du Cantal* se concertent pour demander qu'un embranchement, partant de Narbonne, aille rattacher la ville de Perpignan, la frontière d'Espagne et Port-Vendres au grand chemin de fer de Bordeaux à Cette. Cet amendement est distribué et, aussitôt, sur tous les bancs de la Chambre, on s'étonne de ne pas le voir signé du député de Perpignan. Les uns s'imaginent que j'ai refusé mon concours à MM. Garcias, Parès et Castellane, pour des raisons graves que je me réserve de faire connaître; les autres, sachant que M. de Castellane est le beau-frère de mon futur concurrent, s'obstinent à ne voir dans la proposition qu'une combinaison électorale. Il en était (je les citerai au besoin) qui, ayant entendu au foyer de l'Opéra cet horoscope en beau langage : *Si l'amendement passe, Arago est dégommé, enfoncé*, ne parlaient plus à la Chambre que de l'*amendement Contades*. Une affaire si mal engagée était évidemment compromise ; cependant, je la pris au sérieux, quelque insignifiant que l'amendement me parût, car l'intérêt de notre pays l'emportera toujours chez moi sur des vues personnelles ou des satisfactions d'amour-propre. Je m'abouchai d'abord avec M. Duprat, rapporteur de la Commission. M. Duprat me répondit que lui et ses collègues rejetteraient l'amendement, qu'il était tardif, qu'on n'avait pas eu le temps d'en mesurer la portée, *qu'il ne paraissait pas sérieux ;* je m'adressai au Ministre avec qui j'ai toujours conservé de bonnes relations depuis l'époque où il suivait les leçons de l'Observatoire, et *je lui offris mon concours.* M. Dumon me fit cette réponse : « L'amendement me fournira l'occasion *de vous donner de bonnes paroles.* » M. Legrand, sous-secrétaire d'État (mon ancien élève à l'École polytechnique), que je consultai aussi, trouvait très singulier qu'on prétendît faire voter la Chambre sur un projet de chemin *non encore étudié* (celui du Perthus) qui exigeait un souterrain de 3.000 à 4.000 mètres.

« Tout cela n'était guère favorable. Je n'en priai pas moins mes amis de la gauche de mettre entièrement de côté toute considération de *réclame électorale*, et de voter l'amendement, *dussé-je en souffrir dans ma candidature*. Je renouvelai cette invitation à la tribune, à la suite de quelques phrases prononcées par M. Garcias.

« Le lendemain (c'était le grand jour), le jeune M. de Castellane prononça son discours, il est triste de l'avouer, au milieu des *conversations particulières*. Puisque personne n'écoutait, même au centre, la cause était évidemment perdue. Si une phrase incidente m'est permise ici, je dirai *en toute* sincérité, que je souffris beaucoup de cet insuccès, lorsque je vis'que le général Castellane en était témoin dans la galerie réservée à MM. les Pairs.

« M. le Ministre des travaux publics succéda à M. de Castellane, fit quelques objections que tout le monde prévoyait, et donna, comme il me l'avait dit, de *bonnes paroles*, mais malheureusement des paroles qui n'engageaient à rien, et tout fut dit. En effet, M. Dumon avait à peine cessé de parler, qu'à ma très grande surprise les auteurs de l'amendement s'empressèrent de le retirer.

« J'avais espéré qu'un débat s'élèverait sur la question financière. J'aurais prouvé alors, qu'en *adoptant les wagons articulés de M. Arnoux*, on *pouvait supprimer tous les tunnels*, et, *dès lors*, *réduire* considérablement la dépense[1].

---

1. L'épreuve venait d'être faite : elle fut très concluante. L'inauguration du chemin de fer de Paris à Sceaux (système Arnoux) avait eu lieu le 7 juin 1846. Les locomotives et wagons remorqués avaient gravi des pentes de 11 millimètres par mètre, et les convois avaient tourné dans des courbes dont le rayon n'avait pas même 5o mètres. Il faut dire que c'est à la persistance et à la volonté éclairée d'Arago qui avait décidé la Chambre à voter les subsides nécessaires aux expériences de « ce sytème articulé » que le pays devait être redevable d'un progrès dont les résultats devaient être incalculables : « Ne vous hâtez pas trop, disait Arago, de couvrir la France d'un réseau de chemins construits d'après les idées actuelles... La science n'a pas dit son dernier mot. » Cette parole si sage et si prévoyante venait d'être pleinement justifiée à ce moment.

M. le Ministre avait été informé par moi que je porterais la discussion sur ce terrain ; mais le brusque retrait de l'amendement venait de tout terminer.

« Voilà l'histoire fidèle de l'infructueuse campagne des trois signataires de l'amendement. »

Arago réfuta alors toutes les accusations mensongères que le journal de la Préfecture avait lancées : Arago avait boudé, disait-il. Et cependant celui-ci avait demandé instamment, sincèrement à ses amis, du haut de la tribune, de ne pas s'occuper de la combinaison électorale que l'amendement portait évidemment dans ses flancs. Les prières de l'illustre savant avaient produit leur effet, et si l'on était allé jusqu'au scrutin, *la gauche aurait certainement fourni plus de votes favorables que les autres parties de la Chambre.*

Le *Journal des Pyrénées-Orientales* assurait qu'Arago avait montré une *rancune puérile.* Celui-ci opposait une dénégation formelle à l'assertion du journaliste, affirmant qu'il n'avait *montré* de rancune *d'aucune sorte* ni à la tribune, ni sur les bancs de la Chambre. Cependant Arago avouait qu'il avait éprouvé un véritable dépit[1] en voyant que les trois députés signataires *paraissaient* assez aveugles pour s'imaginer qu'ils feraient adopter un embranchement sur lequel les ingénieurs ne s'étaient pas prononcés définitivement ; il regrettait amèrement qu'on compromît ainsi un projet qui, disait-il, « après l'épreuve du chemin à lacets de Sceaux, aurait été certainement accueilli avec faveur, même sans un tracé définitif. »

« Dans peu de jours, écrivait-il, j'irai visiter moi-même, pas à pas, les localités que le chemin doit traverser. J'es-

---

1. Arago reconnaissait « qu'un premier rejet était toujours un précédent fâcheux ».

père, confiant dans mes propres idées et dans celles de mes amis, de mes correspondants, faire disparaître, à l'aide de certaines conditions d'art, les difficultés financières qui seront toujours l'obstacle sérieux... L'embranchement, nous l'obtiendrons par des voies sûres, et s'il faut parler net, par des voies dont la loyauté de personne n'aura à souffrir. *La loyauté est une monnaie qui a toujours eu cours* DANS NOTRE ROUSSILLON. Pour ma part, je ne consentirai pas à en employer d'une autre nature. »

Enfin, Arago avoue qu'il ne s'était rallié à ce projet que pour calmer les imaginations. « Je laisse, dit-il, ce malencontreux amendement de côté, sans renoncer, bien entendu, à faire complète justice, dans une autre lettre, « des reproches vraiment burlesques que la Préfecture lui adressait au sujet de la loi avortée de 1838 ».

La fin de la lettre qu'Arago écrivait mérite de fixer l'attention. Il retrace les souffrances qu'il a endurées pour la science, indigné des injures qu'il reçoit. Elle mérite d'être citée tout entière[1].

« On dit que *je ne me contente pas de l'air des nuits et du couvert des étoiles.* »

« Entraîné par l'espoir d'enrichir la science de quelque vérité nouvelle, renoncez, dès votre première jeunesse, pendant plusieurs années, à toutes les douceurs de la civilisation. Vivez nuit et jour sous de frêles tentes, au sommet de très hautes montagnes et dans les pays les plus sauvages ; débattez-vous presque sans espoir au milieu des convulsions d'un peuple en délire ; n'échappez aux cachots[2], à la mort sans cesse suspendue sur votre tête, qu'en traversant dans une barque non pontée l'étendue de mer comprise entre les Baléares et l'Afrique ; ne sortez

---

1. C'est le récit fidèle de son existence si mouvementée.
2. On sait qu'Arago avait dû fuir... et se déguiser en mendiant pour éviter la prison.

des prisons de Mallorque que pour être plongé, d'abord,
au fond des souterrains de la forteresse de Rosas, et ensuite dans un des pontons de Palamos ; soyez jeté par les
tempêtes dans la rade inhospitalière de Bougie ; n'ayez
pour retourner à Alger que la plus périlleuse ressource,
celle de traverser, déguisé en Bédouin, une région de la
Kabylie, où même depuis la conquête de l'Algérie, aucun
Français n'a pénétré[1] ; arrivé à Alger, soyez-y témoin de
révolutions sanglantes, à la suite desquelles vous serez
plusieurs fois déclaré esclave et menacé du bagne ; ne
revenez en Europe qu'à travers mille périls ; consacrez
ensuite trente-sept années de votre vie à des recherches, à
des études qui n'ont pas dû être complètement stériles, à
en juger par les suffrages dont *toutes* les grandes Académies du monde se sont plu à vous honorer ; et, arrivé
presque au terme d'une carrière si laborieuse, si héris-
sée de dangers, il adviendra qu'un jour donné, dans votre
propre pays, au milieu de vos parents, de vos amis d'enfance, de vos compatriotes, *tel administrateur*, sans noto-
riété, dévoré d'ambition, du désir de se rapprocher de la
capitale, vous fera ou vous laissera insulter dans son journal, à propos de quelques milliers de francs que vous
aurez conquis à la sueur de votre front ! A peine réussis-
sez-vous à surmonter le dégoût qu'une telle polémique
vous inspire, en vous réfugiant dans cette réflexion d'un
ancien philosophe : « Quand je m'examine, je me crois
« un pygmée, quand je me compare, je me crois un
« géant. »

1. Aujourd'hui, en avril 1922, après la splendide et triomphale
réception dans toute l'Afrique du Président de la République, M. Mil-
lerand, cette phrase a une haute portée : on voit après trois quarts de
siècle combien grande est la conquête, à cette époque, si critiquée,
de toute l'Algérie.

§ 2. — ARAGO FAIT UN TABLEAU DE SES REVENUS.

Après cette violente diatribe, Arago espère que ces paroles exciteront un sentiment de répulsion unanime « chez les honnêtes gens de toutes les opinions ». Il ne conçoit pas que l'écrivain de la Préfecture ait pu confondre les situations auxquelles on arrive par l'élection, par le concours, avec celles que le pouvoir distribue à sa guise, suivant son bon plaisir. Ce n'est pas à l'autorité qu'Arago était redevable des titres de Membre de l'Institut et de Membre du Bureau des Longitudes. « C'est par le libre choix de mes confrères, dit-il, que je suis devenu Secrétaire perpétuel de l'Académie des Sciences, et Directeur de l'Observatoire. Des visites, des sollicitations, des patronages de toute nature, des actes de courtisanerie peuvent amener la nomination d'un Préfet ou son avancement; tout cela serait sans nul effet au sein des Académies. Quoique je ne reconnaisse à personne le droit de se livrer à un examen critique des avantages que *j'ai conquis par voie d'élection ou de concours*, j'exposerai au grand jour le tableau de mes revenus, afin de mettre un terme, une fois pour toutes, à ce genre humiliant de discussions... »

Ici Arago fait un tableau détaillé, fort intéressant, des traitements qu'il touchait à cette époque.

« Le Secrétaire perpétuel de l'Académie des Sciences a comme appointements......... 7.500ᶠ »
« Le Membre du Bureau des Longitudes.. 5.000 »
« L'Examinateur du Génie............. 3.800 »

———————

16.300ᶠ »

« Le Membre du Bureau des Longitudes

———————

A reporter...... 16.300ᶠ »

Report.......... 16.300ᶠ »

(celui qui est désigné annuellement pour faire
un cours public d'astronomie) reçoit, à titre
de frais généraux pour ce cours.......... 1.500ᶠ »

« Ainsi, je puis avoir, *au maximum*, jusqu'à 17.800 francs
de recettes, avec la charge de me rendre à Metz dans la
plus mauvaise saison de l'année et sans frais de séjour. »

De plus, Arago déclare à ses « honorables compatriotes » qu'il a renoncé volontairement à la place de Professeur à l'École Polytechnique, pour laquelle il recevait
5.000 francs, et à celle de Membre du Bureau consultatif
des Arts et Manufactures, dont les appointements étaient
de 2.400 francs. C'était donc pour lui une diminution sur
ses revenus, de 7.400 francs.

Enfin Arago, pour confondre ses imposteurs leur fait
voir que, tandis que le traitement du Directeur de
l'Observatoire de Londres[1] (de Greenwich), était de
30.000 francs, et celui de Saint-Pétersbourg[2], était de
40.000 francs, « le traitement du Directeur (M. Arago)
de l'Observatoire de Paris, est zéno. »

Cette lettre est fort intéressante : aujourd'hui le seul
nom d'Arago est voué à l'immortalité. Elle fait voir à
quel degré les passions politiques étaient montées, essayant
d'amoindrir ce génie qui s'efforçait de se mettre au-dessus
de toutes les querelles mesquines, ce savant devant lequel l'Univers s'incline avec respect.

Tous les journaux étaient indignés des attaques multi-
pliées dont le grand savant était l'objet. Malgré tout ce
qu'avait obtenu Arago pour son pays (agrandissement
du port de Port-Vendres, la pose du phare, la route de

1. M. Airy.
2. M. Struve.

Montlouis (servitude militaire vaincue), ils s'ingéniaient
à le tourner en ridicule. On voulait un mandataire illustre, dont la science remplît toute la vie; on avait le glorieux honneur d'envoyer à la Chambre une des célébrités
de la France. Malgré cela, voici le libelle qu'on écrivait :

« — Que faisiez-vous au temps de la session, lorsqu'on
discutait nos intérêts? demandait-on à ce savant.

« — Je dépouillais la correspondance de l'Institut, *je
faisais de l'astronomie!*

« — Vous faisiez de l'astronomie, j'en suis fort aise.
Eh bien! ne faites plus de politique maintenant! »

Ainsi la philosophie, la science, la littérature, l'*ordre
moral* lui-même, ne devaient plus avoir place dans la
représentation du pays. Il fallait en bannir les plus hautes intelligences. C'est ainsi que le *système* de l'époque
conduisait les hommes vers la terre comme des bêtes de
somme. S'ils voulaient regarder le ciel et élever leur
pensée, ils disaient « qu'on leur en fait honte; c'est de
l'astronomie![1] »

Cette lettre sensationnelle avait été reproduite dans
plusieurs journaux. La *Gazette du Languedoc*, en l'insérant dans son journal, l'avait fait suivre de ces réflexions
bien justes, toutes à l'honneur de notre compatriote :

« M. Arago continue d'être l'objet d'attaques sans pudeur. Cette fois, elles ne viennent pas du florentin M. Libri; elles partent de plus bas encore; c'est le journal
ministériel de Perpignan qui les édite comme tout ce qui
vient de la Préfecture. A de telles lectures, le premier
sentiment est l'indignation, à laquelle succède bientôt le
dégoût. Nous regretterions vivement que le savant homme
et le grand citoyen eût daigné s'arrêter à des criailleries
indécentes, si les attaques de la feuille entretenue n'avaient

1. Extrait de la *Gazette du Languedoc.*

fourni à M. Arago l'occasion de nous rappeler avec une heureuse simplicité l'occasion de révéler au monde savant de curieuses particularités sur une carrière toute consacrée aux sciences et à la patrie. »

CHAPITRE SEPTIÈME

§ 1. — Préparatifs d'élection. — Discours.

Les élections[1] avaient été définitivement fixées au
1er août. La « comédie » devait durer six semaines encore,
après quoi tout allait rentrer dans l'ordre et l'immobilité
accoutumée. La pairie allait ramasser les députés ministériels restés sur le champ de bataille; les secrétaires
d'ambassade devaient retourner à leur poste.

Quelle était donc la situation à cette époque? L'administration préfectorale était entièrement opposée aux
idées que représentait Arago : tandis que celui-ci voulait
les conséquences de la Révolution de Juillet, le gouvernement s'y opposait; Arago défendait les libertés publiques, le gouvernement les confisquait; nous voulions que
la France reprît le rang qu'elle a tenu dans le monde,
le gouvernement l'abaissait, et, pour lui, les traités de
1815 n'étaient pas assez humiliants, puisqu'il n'osait en
réclamer pour la France, et dans son entier, le triste
bénéfice : (exemple, la petite république de Cracovie qu'il
laissait anéantie au mépris de ces mêmes traités).

Malgré les intrigues sans nom, la candidature d'Arago
était populaire : on s'acharnait contre l'homme intègre,
en présentant les candidats de l'administration de la façon
la plus insidieuse : « Tenez-vous à vos propriétés? disait
l'un. — Eh bien, si vous y tenez, votez pour le Préfet;
car, avec M. Arago, nous aurons la République demain,
et la République ne vous laissera pas un pouce de ter-

1. On devait nommer 459 députés.

rain. — Tenez-vous à vendre vos fourrages ? — Sans doute, c'est notre seul revenu ! — Votez alors pour M. de Castellane; autrement plus de garnison dans ce département, plus de chevaux, et vos foins pourriront au grenier. » — Et encore : « Mes amis, notre commune est menacée d'un procès avec l'État; si un seul d'entre vous vote pour M. Arago, notre procès est perdu. » — Passons sous silence les menaces de destitution faites à tous les employés, « si leurs parents, jusqu'au douzième degré, ne votent pour le candidat de l'Administration ».

Mais, dédaignant ces injures, les partisans d'Arago ne tentèrent pas les moyens les plus licites, les plus avouables; ils se reposaient en toute confiance sur le patriotisme inébranlable et sur l'indépendance des électeurs, sur le nom de notre illustre compatriote et sur les services éminents qu'il rendait chaque jour à son pays.

§ 2. — ARAGO A TOULOUSE. — ENTHOUSIASTE RÉCEPTION. ALLOCUTION D'UN ÉTUDIANT. — RÉPONSE D'ARAGO.

Avant d'arriver à son pays natal pour les élections, Arago allait être vengé des injures officielles qu'il y avait reçues et qui l'attendaient encore. Les acclamations de Toulouse qui allait le recevoir n'étaient point seulement un hommage rendu au glorieux enfant du peuple, au savant illustre, au député courageux; il fallait y voir une protestation éclatante de la France indignée contre de basses intrigues et des attaques impudentes. La France a soin de sa gloire comme de son plus beau patrimoine : y toucher, c'est remuer une fibre délicate. Les paroles chaleureuses des Toulousains avaient ému les Perpignanais qui témoignaient tant de sympathie au grand

— 70 —

homme : c'est qu'en effet, si le berceau d'Arago était dans le Roussillon, sa chaire était partout.

Arago arrivait à Toulouse le 1er juillet; dès que l'on apprit qu'Arago, « l'une de nos plus belles gloires nationales, l'un des plus énergiques défenseurs de nos libertés publiques » était là, cette nouvelle jetait une émotion subite, et dans les ateliers de l'imprimerie[1], comme dans les rangs de toutes les écoles, un cri unanime se fit entendre : il s'agissait d'aller porter au député célèbre l'expression éclatante des sympathies de toute une jeune population.

En effet, les étudiants de la Faculté de Droit, au nombre de quatre ou cinq cents, s'étaient rendus à l'hôtel du *Grand-Soleil*, où était descendu Arago, et la rue des Arts, dans toute sa longueur, présentait un coup d'œil féerique, acclamant l'homme illustre.

Il est curieux et intéressant à la fois de relire les discours de l'époque qui reflètent bien tout le respect et toute la sympathie dont était entouré Arago dans la France tout entière.

A Toulouse, un étudiant se détache du groupe et crânement, et avec noblesse, s'adresse à Arago :

« Monsieur,

« Dans un moment où la presse salariée par le gouvernement vous prodigue l'injure et l'outrage avec une violence inconnue jusqu'à ce jour, dans un moment où certains journaux de notre ville ne craignent pas de répéter de basses calomnies que nous méprisons comme vous les dédaignez vous-même, les jeunes gens des écoles, qui ne

1. *L'Émancipation.*

veulent pas courber la tête sous le joug que le pouvoir prétend imposer à la France, ont cru qu'il était de leur devoir de se rendre auprès de vous, pour protester contre ces odieuses attaques. Ils viennent donc porter devant vous le tribut de leur admiration et de leur gratitude pour les nombreux services que vous rendez à la nation, soit dans le domaine des sciences, soit dans l'arène de la politique. Vos compatriotes de Perpignan vous vengeront par leurs suffrages ; vous défendrez encore à la tribune la cause des classes laborieuses, et vous saurez acquérir de nouveaux titres à la reconnaissance de la patrie. »

Le journal[1] continue ainsi le compte rendu de cette mémorable journée qui vengeait Arago des basses et stupides attaques dont il était l'objet.

« Chacune de ces paroles, pour ainsi dire, expression si vraie des pensées de cette jeunesse dont l'orateur était l'organe, était accompagnée d'un frémissement approbateur qui ne pouvait laisser le moindre doute sur les sentiments qu'elles excitaient. M. Arago, dont l'émotion était visible, a répondu à peu près en ces termes :

« Je savais depuis longtemps, Messieurs, combien la « jeunesse de Toulouse se fait distinguer par son intelli« gence et son patriotisme. Aussi la manifestation, dont « je suis l'objet de votre part, me va-t-elle droit au « cœur.

« Vous voulez bien me rappeler les quelques services « que j'ai pu rendre à la France et à ses libertés. Soyez « bien convaincus que je ne me considère pas encore « comme dégagé des obligations que j'ai contractées en« vers elle ; et que, dans ma carrière politique, s'il m'est « donné de la poursuivre, comme dans ma carrière

1. Extrait de *L'Émancipation*.

« scientifique, d'où l'on ne saurait m'arracher, l'on me
« verra toujours fidèle aux principes que j'ai toute ma
« vie défendus, et qui me valent aujourd'hui l'expression
« de vos sympathies. »

« M. Arago s'est ensuite approché de la foule qui,
spontanément s'est mise en ordre et a défilé devant lui,
saisissant au passage quelques-unes de ces paroles, plei-
nes de sens, d'esprit et d'aménité, dont l'illustre savant
possède si bien le secret.

« Quelques instants après, arrivait un nombre considérable d'ouvriers venant à leur tour apporter à
M. Arago l'expression de leur admiration et de leur reconnaissance. Du sein de cette masse s'est alors élevée
l'harmonie d'une sérénade exécutée par les ouvriers eux-
mêmes, et dont les intermèdes étaient remplis par ces
chants qui ont fait la renommée de la classe travailleuse
de Toulouse.

« Il fallait voir et entendre M. Arago interrogeant
avec sollicitude ces travailleurs, leur demandant avec
surprise le secret de cette éducation musicale, eux dont
l'existence laborieuse doit donner si peu de place aux dé-
lassements de l'esprit et des arts.

« Nous voudrions pouvoir rendre ses expressions simples et touchantes, lorsqu'il leur a dit : « Ma vie sera
« bien courte, ou j'accomplirai jusqu'au bout la mission
« que je me suis donnée, dont je m'occupe tous les
« jours, celle de faire connaître à la France l'*histoire des*
« *découvertes que doivent aux ouvriers les sciences, les arts,*
« *l'humanité.* »

Ces deux manifestations imposantes, à l'accomplissement desquelles peu d'instants ont suffi, furent un énergique démenti à toutes les accusations d'indifférence et
d'égoïsme portées contre notre jeunesse studieuse.
M. Arago n'a pu s'empêcher d'être pénétré lui-même de

ce sentiment : « On prétendait à Paris, Messieurs, a-t-il dit, que la jeunesse de Toulouse avait abdiqué; j'ai sous les yeux une preuve éclatante que vous abandonnerez la brèche moins facilement qu'on ne pense! »

Nous aussi nous en avions l'espoir. Serait-il possible, en effet, que les corruptions du système eussent empoisonné à jamais cette jeune génération sur laquelle reposaient les destinées de la France...

Arago avait pu voir, par cette réception enthousiaste, que les souvenirs du grand *banquet réformiste* de 1840, à Toulouse, n'étaient pas effacés. Le passage du savant avait été marqué, dans la capitale du Midi, par une de ces ovations populaires dont le souvenir devait rester comme un titre d'honneur pour ceux qui y avaient pris part et qui était alors la véritable et seule récompense décernée aux grands citoyens.

Il est bon de le rappeler aux Perpignanais, à ses compatriotes, après trois quarts de siècle. Perpignan n'était pas seul à honorer le savant illustre. Toulouse, sa voisine, voulait aussi revendiquer une part de cette gloire qui entoure le berceau des grands hommes.

En effet, l'arrivée de l'illustre voyageur était-elle à peine connue dans cette ville que déjà une jeunesse enthousiaste s'était levée de toutes parts pour venir saluer en lui l'homme de la science et du patriotisme, l'auteur de la réforme, le courageux champion des classes laborieuses.

A cette époque, où des écrivains sans pudeur osaient insulter Arago au sein même de sa patrie, alors que ces misérables attaques avaient pu trouver dans les feuilles de la Préfecture un écho digne d'elles, il ne fallait pas s'étonner si un même sentiment d'indignation et de dégoût avait soulevé tous les cœurs de cette noble et sympathique jeunesse toulousaine.

Ce noble travailleur, en effet, qui depuis trente ans

fécondait de ses labeurs le champ de l'intelligence, qui s'oubliait lui-même pour ne penser qu'à son pays, semblait résumer doublement son époque en scellant dans sa double vie d'homme d'étude et d'homme politique l'alliance du génie de la science au génie de la liberté.

Voici comment le rédacteur de l'époque termine son récit : « La soirée d'hier a été une soirée de triomphe et de bien douces jouissances pour les cœurs honnêtes de tous les partis; Toulouse en gardera longtemps le souvenir, et nous pensons bien que les acclamations d'ici auront de l'écho à Perpignan.

« Quant au pouvoir, il apprend une fois de plus que les hommes qu'il frappe et qu'il veut proscrire sont précisément ceux que l'opinion publique recherche et adopte avec enthousiasme. Voilà bien longtemps que le *système* sait tout cela; mais ce sont des avertissements qu'il ne faut pas craindre de répéter; l'opposition y gagne en énergie ce que nos gouvernants y perdent en considération. C'est donc tout bénéfice. »

§ 3. — RÉCEPTION GRANDIOSE D'ARAGO A SAINT-PAUL, ESTAGEL, PERPIGNAN.

Un accueil aussi enthousiaste attendait Arago à son entrée dans le département. Les habitants de Saint-Paul s'étaient pressés sur son passage. On l'entourait, on ne voulait plus le laisser partir. A Estagel, on s'était porté au-devant de lui et, comme à Saint-Paul, l'enthousiasme était universel. Il serait oiseux, après tant d'années, de redire les fêtes improvisées, dont le cœur seul avait fait tous les frais; on peut dire que c'était la contre-partie des fêtes officielles. Les échos avaient dû parvenir à la Préfecture, où l'on trouvait sans doute fort amer cet avant-goût des succès réservés à l'homme illustre qu'on recevait : la voix des peuples est aussi quelquefois la leçon des rois.

D'Estagel, où la tendresse filiale devait adoucir pour lui de cruels souvenirs, Arago se rendait à Perpignan, où il était impatiemment attendu : des hommages spontanés devaient l'accueillir et, dans les circonstances si critiques, les manifestations avaient été plus imposantes encore. Les journaux nous rappellent que tout ce qu'il y avait d'hommes indépendants, négociants, artistes, ouvriers et propriétaires, vieillards et jeunes gens, hommes et femmes, la ville tout entière, avait redoublé de témoignages d'attachement « envers son plus noble enfant ». « Les injures, écrit le reporter, on ne les a pas écoutées, le vent les emportait à mesure et les semait à travers la France ; et cependant il semble qu'on éprouve le besoin de s'en laver comme d'un contact impur. Si M. Arago s'est senti atteint, il aura de quoi s'en consoler... »

La population saluait de ses vœux le compatriote qu'elle chérissait et le député dont elle était fière. La physionomie de la ville fut très animée et cependant l'ordre n'eut rien à redouter : l'enthousiasme, en effet, ne doit exclure ni le calme ni la dignité. « Le seul mot d'ordre passait de bouche en bouche : *on nous honore; honorons le génie, mais avec la fierté qui convient à des hommes libres. L'ordre avant la liberté !* »

CHAPITRE HUITIÈME

§ 1. — Arago a Perpignan. — Réception grandiose. Allocution du savant. — Éloge du savant.

Le jour même de son arrivée, Arago était proclamé député par les dix mille personnes de tout âge et de tout rang qui encombraient les salons de l'*Hôtel de l'Europe* et les rues adjacentes. Les formalités ne devaient rien ajouter à sa nomination : il était un mode d'élection plus sûr que le scrutin, c'était le vote par acclamation. Arago n'avait eu qu'une voix, celle de son pays; il venait d'être reçu au milieu des acclamations frénétiques de ce peuple insulté depuis deux mois dans la personne de son idole, et l'on sentait que sous ce cri mille fois répété de : « Vive Arago ! » se trouvait celui de : « Vive la France et son indépendance ! Vive la liberté et son Défenseur ! »

En effet, dans un pays où le sentiment domine, où de la raison froide on passe à l'enthousiasme, Arago, Roussillonnais par excellence, était toujours sûr de se voir accueilli. Les ovations ne lui avaient jamais fait défaut; il les fuirait vainement, on le poursuivrait, car le Roussillon s'était incarné dans sa personne. Arago était, en quelque sorte, la propriété de chacun, et l'affection qu'on lui portait tenait de la piété filiale. Jamais il n'avait reçu de témoignages d'admiration aussi passionnés, même à ses grands jours, lorsqu'il expliquait, à propos d'une éclipse, les merveilles de la création, alors que le vulgaire le prenait pour le grand machiniste des cieux dont il n'était que le géographe.

Arago pouvait être fier d'avoir à ses côtés et sous ses fenêtres le peuple français réuni : il ne l'était pas seulement le savant ou le grand orateur, mais surtout, à ce moment périlleux, le défenseur des libertés menacées, le champion de la France insultée, l'apôtre du progrès, l'ouvrier sublime qui, de son piédestal, tendait la main aux travailleurs, ses frères, pour les élever jusqu'à lui.

Écoutons le récit fidèle du reporter, qui retrace l'arrivée, à l'improviste, d'Arago venant d'Estagel : « Au drapeau tricolore que le conducteur de la diligence avait cru devoir arborer pour annoncer notre illustre compatriote, le faubourg Notre-Dame soupçonna l'arrivée de notre député. Il n'était pas descendu de voiture que des amis nombreux se jetaient dans ses bras.

« La journée du samedi[1] fut pour Perpignan une fête chômée : le calendrier ne peut tout prévoir. Le soir, à 8 heures, la promenade des Platanes, si fréquentée d'ordinaire, était déserte ; les musiciens de la ville vinrent, suivis d'une foule innombrable, jouer sous les fenêtres de l'Hôtel de l'Europe, où M. Arago, selon son habitude, était descendu... »

On chanta à Arago l'air du pays « *Montanyes regalades* », qui avait le don de l'émouvoir.

Arago remercia ses compatriotes avec émotion.

§ 2. — Allocution d'Arago.

« Mes chers Compatriotes,

« J'ai toujours été heureux et fier des sympathies que vous avez bien voulu me montrer, toutes les fois que les circonstances m'ont amené dans le Roussillon. Aujour-

1. 4 juillet 1846.

d'hui votre manifestation a été droit à mon cœur. Vous
venez, en effet, de donner un éclatant démenti à ceux qui
prétendaient que j'avais eu le malheur de perdre l'affection des Roussillonnais. Je vous en rends grâces.

« Voilà bientôt deux mois qu'on instruit le procès de
celui qui, depuis quinze ans, a l'honneur de vous représenter. J'ai cru apercevoir dans le volumineux dossier,
que l'on a déjà formé, un grand nombre de pièces fausses. Je me suis empressé d'accourir; car je ne veux pas
être jugé par contumace. (*Applaudissements.*) Vous avez
maintenant devant vous celui qu'on vous a représenté
comme l'ennemi de la famille et de la propriété, comme
l'ennemi de toute instruction, comme un tribun sangui-
naire! Il se présente à vous la poitrine et la figure découvertes. (*Applaudissements frénétiques; vivats enthousiastes.*)
Y a-t-il dans ma vie quelque point obscur? Qu'on y jette
la lumière. Si je ne réponds pas catégoriquement à toutes
les accusations qu'on a accumulées depuis quelques semaines, couvrez-moi de vos mépris; mais dans le cas
contraire, qu'un stigmate indélébile soit appliqué sur le
front de mes calomniateurs.

« Je pourrais, à toute rigueur, renoncer à être député
des Pyrénées-Orientales et de quelque arrondissement que
ce soit; mais je ne saurais me passer de votre estime (PLU-
SIEURS VOIX : *Vous l'aurez toujours!*) et je ferai toujours
mes efforts pour en être digne. »

Les cris de : VIVE ARAGO éclatent avec plus de force
à la fin de cette allocution. Le lendemain, les corporations d'artisans et ouvriers, et toute la jeunesse de la ville,
sans distinction d'opinion, se rendaient à l'Hôtel de l'Europe pour acclamer l'hôte illustre, à qui l'on adressa des
paroles chaleureuses et patriotiques.

Arago répondit avec son admirable à-propos, avec une
douce et persuasive éloquence à tous les discours qu'il

venait d'entendre. Il exposa ses opinions sur la réforme
électorale, sur l'organisation du travail et l'amélioration
du sort des classes ouvrières, exprimant avec énergie sa
vive sympathie pour elle. Il annonça qu'il s'occupait d'un
important ouvrage où il relèverait les parchemins de noblesse des ouvriers, en signalant les sublimes inventions
que le monde leur doit, en présentant leurs titres à la
reconnaissance publique. Il parla de Watt, de Jacquart,
d'Arkwright, de tous ces hommes du peuple qui se sont
élevés si haut par la puissance de leur génie. Il recom-
manda aux ouvriers de ne se laisser jamais entraîner à
des opinions antisociales, à des idées de communisme,
attaquant les principes de la famille et de la propriété,
ajoutant qu'il se trouverait dans les rangs de leurs plus
ardents adversaires, le jour où ils entreraient dans une
voie aussi dangereuse, aussi déplorable.

Après les différentes corporations des artisans, se pré-
senta la nombreuse délégation des jeunes gens de la
ville. L'un d'eux, se détachant du groupe, s'exprima en
ces termes :

« Cher et illustre Compatriote,

« La jeunesse de Perpignan attendait impatiemment
votre arrivée pour protester contre ces calomnies odieuses
auxquelles votre nom est en butte depuis deux mois.
Leurs auteurs ne peuvent pas même se justifier par les
nécessités d'une lutte loyale.

« Lorsque l'injure arrive jusqu'à vous, vous élevez toujours votre cœur assez haut pour qu'elle ne puisse pas
l'atteindre. Né, comme nous, sous le soleil généreux du
Roussillon, les sentiments patriotiques qui vous animent
sont aussi purs que notre ciel; Dieu vous a révélé les

secrets des mondes physiques; le monde moral est également ouvert à votre intelligence.

« Ces hommes vains et fanatiques, qui ont pris à tâche de calomnier votre vie, que vous avez consacrée à des labeurs sans nombre et au service de la patrie, ont oublié sans doute qu'ils écrivaient sur votre sol natal, au milieu de vos amis d'enfance et de souvenirs qui se gravent profondément dans le cœur.

« L'aveuglement de ces hommes, qui n'ont plus conservé de retenue depuis deux mois, leur a fait oublier aussi que la jeunesse roussillonnaise a été élevée par nos pères dans le culte de votre nom, qu'elle respecte et qu'elle entoura toujours de ses plus purs hommages.

« Les manifestations qui ont éclaté à votre arrivée vous ont vengé des outrages qu'on a voulu vous faire, et vous auront prouvé que l'estime de vos concitoyens pour votre personne est aussi fortement enracinée dans leur esprit que leur dévouement l'est dans leur cœur, et que nous verrons toujours en vous l'enfant illustre du Roussillon, l'ami infatigable des sciences et le conservateur de l'ordre et de nos libertés. »

« Si j'ai été calomnié, répondit Arago avec émotion, vous l'avez été aussi : on a prétendu que vous vous laissiez absorber par les intérêts matériels, que la vie politique était morte en vous; mais vous venez de donner un éclatant démenti à cette injuste accusation. La jeunesse de Perpignan n'a point dégénéré; elle garde au fond de son cœur les sentiments patriotiques qui animaient ses ancêtres, et j'ai la conviction intime, consolante, que si la patrie était menacée, on la retrouverait encore sur nos frontières. »

§ 3. — Candidature de Prades et de Céret
offerte a Arago.

Cette double nomination devait être une noble vengeance des injures de ses adversaires, le signal du réveil et une protestation énergique d'indépendance contre le système de faiblesse et de corruption qui sévissait à cette époque.

Arago répondit aux sollicitations des électeurs *indépendants de l'arrondissement de Prades* :

« Je suis on ne peut plus sensible à vos témoignages de sympathie. Dans l'affection que je porte à mon pays, je n'ai jamais, vous le savez, séparé le troisième arrondissement des deux autres. La candidature que vous m'offrez, je l'accepte moins comme une protestation contre d'indignes attaques, que comme un moyen de vous être utile et de montrer combien sont injustes les accusations de ministérialisme quand même que fait peser sur vous le vote constant de vos députés. En cas de succès, je ne puis opter pour vous. Mais puisque vous voulez bien vous en rapporter à moi sur le choix de votre député, j'aurai l'honneur de vous présenter quelqu'un de mes amis, indépendant comme moi, dévoué comme moi au bien public, et non à ses intérêts personnels.

« Signé : F. Arago. »

A l'approche de ces élections décisives où se mêlent tant de passions et tant de basses intrigues, Arago voyait se dissiper peu à peu toutes ces craintes, et son triomphe apparaissait indéniable, certain. Si l'illustre savant avait dû craindre cependant d'avoir perdu l'affection de ses compatriotes, s'il avait cru donner aux calomnies dirigées contre lui une importance qu'elles ne pouvaient avoir, il devait être bien rassuré depuis qu'il avait foulé le sol natal. Partout les électeurs en masse s'étaient empressés d'accourir au-devant de lui, accompagnant ses pas et donnant un démenti éclatant aux ridicules prédictions de ses adversaires. A Millas, à Thuir, à Rivesaltes, à Saint-Laurent, à Torreilles, il avait entendu les préludes de la manifestation sympathique qui, le 2 août 1846, devait accueillir le plus beau succès électoral de sa vie politique. Il recevait aussi, tous les jours, la récompense de son patriotisme aussi ardent que désintéressé, et de son noble dévouement. Depuis son arrivée à Perpignan, Arago avait éprouvé les plus douces émotions, et sa plus grande joie fut de voir, au milieu de l'enthousiasme général, des familles longtemps désunies, réconciliées, et d'anciennes divisions s'effacer devant le sentiment noble et pur qui remplissait toutes les âmes : heureuse compensation des hostilités déplorables dues à des adversaires acharnés.

§ 4. — Lettre du Directeur de l'Observatoire de Toulouse a Arago. — Éloge du savant.

Il est intéressant, au moment où l'élection d'Arago était en jeu, de voir de quelle haute estime jouissait l'illustre savant. On verra combien de titres à la reconnaissance et à l'admiration de ses compatriotes possédait le grand citoyen, en dehors des services que celui-ci avait déjà rendus, et des travaux purement scientifiques qui l'avaient rendu si célèbre.

Cette lettre, écrite par le Directeur de l'Observatoire de Toulouse, M. Petit, était adressée à un journal[1] de l'épo-

1. *L'Émancipation*. Lettre datée du 2 juillet 1846. Cette lettre, qui

que, au moment où Arago, notre compatriote, venait de
traverser rapidement Toulouse pour se rendre à Perpignan auprès de sa famille et de ses amis :

« C'est une chose assez singulière que l'homme qui a
su donner un relief si brillant, si populaire, au caractère
et aux travaux des savants qui l'ont précédé, ou de la
plupart des savants qui l'entouraient, soit précisément,
malgré son immense renommée, celui dont le caractère
et les travaux scientifiques sont peut-être le moins bien
connus. Lié par des sentiments d'une affection très vive à
M. Arago que j'ai pu juger dans les diverses particularités
de sa vie privée, comme dans celles de sa vie scientifique, j'ai pensé qu'à l'occasion de son récent passage à
Toulouse, quelques détails sur l'illustre Secrétaire perpétuel de l'Académie des Sciences de Paris, vous paraî-
tront de nature à intéresser vos lecteurs.

« Il est peu de personnes, parmi celles qui s'occupent
de science, de politique ou d'industrie, qui n'aient vu,
soit à la tribune de la Chambre, soit au bureau de l'Institut, le député du pays ou le Secrétaire perpétuel de
l'Académie des Sciences, et qui n'aient été frappées surtout du regard pénétrant, de la physionomie mâle, ex-
pressive, fortement trempée, de l'improvisation concise,
énergique, et pourtant en même temps si élégante et si
claire de M. Arago. Ces circonstances pourraient laisser
croire au premier abord que M. Arago doit aimer la lutte,
la rechercher et s'y complaire ; mais pour ceux qui le
connaissent, l'énergie de sa parole et de son geste, rele-
vée par sa grande taille et par sa magnifique prestance,
l'épaisseur et la mobilité d'un sourcil qui recouvre presque entièrement quelquefois le globe de l'œil, n'indi-

fait part des principales découvertes du grand savant fait connaître la valeur et le génie d'Arago, dont il fait un magistral portrait.

quent que des convictions ardentes et profondes mani-
festées avec l'énergie d'une organisation toute méridio-
nale, qui se passionne pour tout ce qu'il entreprend.
Chez lui, dans la discussion, la tête, malgré sa puissance,
n'étouffe jamais le cœur qui n'est pas moins puissant
qu'elle; et quant à sa conversation intime, malgré la
verve spirituelle dont elle pétille, c'est une simplicité
expansive, affectueuse, pleine de sensibilité, de bienveil-
lance, de bonté qui lui donne un charme et un attrait
irrésistible. Aussi M. Arago est-il entouré de sympathies
nombreuses, et compte-t-il, soit à la Chambre, soit à
l'Institut, soit au Conseil général de la Seine, quelle que
soit la diversité de leurs opinions, autant d'amis que de
collègues.

« On l'a cependant accusé quelquefois d'exercer, principalement à l'Académie, une sorte de despotisme qui tien-
drait l'Institut dans un véritable état de servilité, et qui
n'en permettrait l'entrée qu'au prix du sacrifice de toute
dignité personnelle. Mais ce reproche, inspiré par quelques jalousies particulières ou par des motifs tout à fait
personnels, ne soutient pas le plus léger examen. Il ne
serait guère convenable d'énumérer ici tous les hommes
honorables qui font profession, à l'Académie des Sciences, d'estime et de dévouement pour M. Arago, car ce
serait y placer la liste à peu près complète de ses collègues. Mais pour ne parler que des élections auxquelles
l'âge et la position du Secrétaire perpétuel lui ont permis
de prendre une part plus active, ou de ceux de ses collègues qui sont plus particulièrement connus en dehors
du cercle scientifique et avec lesquels il a des relations
plus intimes, il ne saurait entrer sans doute dans la
pensée de personne que l'amiral Roussin, par exemple,
que l'amiral Baudin, que le maréchal duc de Broglie, que
que MM. Poncelet, Damoiseau, Piobert, Dumas, Élie de

Beaumont, Dufrenoy, Boussingault, Pariset, de Saint-
Hilaire, etc., puissent être disposés à graviter humble-
ment autour de M. Arago. Pourrait-on croire aussi que le
célèbre ingénieur qui vient de recevoir une récompense
nationale sur le rapport de M. Arago, que M. Vicat n'ait dû
ce rapport qu'à des actes de servilité? Pourrait-on croire
encore que M. Charles Dupin, qui présidait à l'Institut, il y
a trois ans, et qui prit spontanément, à cette époque, la défense de M. Arago, contre le collègue vraiment exception-
nel qui l'attaquait de nouveau naguère, soit aussi le très
humble serviteur du Secrétaire perpétuel de l'Académie
des Sciences? Certes, quelque estime que l'on puisse pro-
fesser pour les opinions du savant italien, dont la France
a fait un de ses fils, on n'est obligé de n'accepter ces opinions qu'avec une certaine réserve et de penser qu'il aurait bien pu se tromper lui-même dans son jugement ou
dans ses attaques, lorsqu'il s'agit d'une atteinte grave à
porter au caractère de nos grandes illustrations scientifiques, quand il faudrait nécessairement arriver à conclure
qu'un grand nombre d'hommes, dont le pays s'enorgueillit à plus d'un titre, abandonneraient leur conscience au caprice et à l'omnipotence d'un despote dont
M. Libri seul aurait osé secouer le joug. Non, la cause
de l'influence de M. Arago, ce n'est pas dans le despotisme, dont le joug serait bientôt complètement secoué,
qu'on peut le trouver, mais bien plutôt dans la force
expansive de la vérité, de cette vérité que M. Arago recherche toujours avec une ardeur et une conviction si sincères.

« M. Arago reçoit un traitement de 18.000 francs environ, ou même un peu moindre. Ce traitement, il le doit
presque tout entier à l'élection de ses confrères : mais,
dans la position élevée du Secrétaire perpétuel de l'Académie des Sciences, malgré ses habitudes austères et sa

vie retirée, une liste civile de 18.000 francs paraît devoir
suffire avec quelque peine aux dépenses considérables qui
sont occasionnées par cette sorte de royauté scientifique.
Combien d'ailleurs n'y a-t-il pas en France de fonctions
beaucoup moins élevées que celles de M. Arago, et auxquelles cependant sont attachés des traitements beaucoup
plus considérables? Du reste, le désintéressement de
M. Arago est, pour ainsi dire, devenu proverbial chez
tous ceux qui le connaissent; c'est ainsi, par exemple,
qu'à l'époque où le choix de l'Institut l'appela au poste
éminent de Secrétaire perpétuel, il donna volontairement
sa démission d'une place inamovible de 6.000 francs
qui ne lui coûtait, pour ainsi dire, aucune espèce de travail.

« Quant à la valeur scientifique de M. Arago et de ses
travaux, l'estime dont il jouit dans les hautes régions du
monde savant, et qui lui a valu de la part des divers gouvernements de l'Europe tant de distinctions honorifiques,
ne paraît guère pouvoir élever contre cette valeur d'ob-
jection réellement sérieuse. Classé d'abord hors ligne
comme élève de l'École Polytechnique et plus tard enlevé
par Laplace à la carrière militaire vers laquelle ses goûts
le portaient, M. Arago, à vingt-deux ans, avait déjà attaché son nom de la manière la plus brillante par de
magnifiques opérations géodésiques, cause pour lui de
plusieurs mois de captivité chez les Algériens, à l'établissement de ce système métrique qui sera une des plus
belles gloires de notre époque, et qui seul suffirait à
empêcher le nom de M. Arago de mourir. Ses travaux, à
cet égard, furent appréciés par des juges dont personne
sans doute ne saurait récuser la compétence. Il suffit de
nommer Laplace, Lagrange, Delambre, Legendre, etc.,
qui, en récompense de ses premiers essais, faisaient asseoir
à l'Institut un tout jeune homme dans le fauteuil même

où Lalande s'était si longtemps assis, pour rester persuadé
que déjà ses essais étaient apostillés de manière à passer
à la postérité; et j'ai d'ailleurs appris à cet égard, de la
bouche de M⁰ᵉ de Laplace, veuve de l'illustre géomètre
dont elle porte le nom, que son mari n'avait cessé,
depuis 1808 jusqu'en 1827, époque de sa mort, de conserver pour M. Arago la plus haute estime : preuve sans
doute que M. Arago n'avait pas trompé les espérances
conçues à la suite de ses premiers travaux. C'est qu'en
effet il avait su rendre encore d'importants services, soit
à la science, soit à l'industrie.

« Ainsi, par exemple, la détermination des forces élas-
tiques de la vapeur d'eau dans les hautes températures,
entreprise sur la demande du gouvernement, de concert
avec M. Dalong, malgré les difficultés et les nombreux
dangers que présentaient ces recherches, si utiles d'ailleurs à tant de titres pour la navigation et pour l'industrie moderne; la mesure du pouvoir réfringent des gaz,
si nécessaire aux besoins de l'astronomie; la belle découverte que les physiciens désignent par le nom de *magné-
tisme de rotation*, et qui avait échappé à la sagacité de
Coulomb; celle des phénomènes de *polarisation chroma-
tique*, et les ingénieuses applications de cette découverte
à l'étude de la constitution physique du soleil ou des planètes; les lois de *l'interférence des rayons polarisés*; la
découverte des modifications occasionnées dans la marche de la lumière par *l'interposition des corps diaphanes*,
d'une épaisseur à peine sensible, si on la compare surtout
à la prodigieuse rapidité du fluide lumineux, et les conséquences remarquables que son auteur en a déduites,
relativement aux deux théories de la lumière, sur lesquelles s'étaient partagés deux de nos plus grands génies
modernes, Descartes et Newton; une méthode pour déterminer la *puissance réfractive des substances les plus sub-*

tiles, peut-être même celle des odeurs, en opérant, par
des procédés que Laplace trouvait si remarquables, et,
comme il le disait si souvent, sur des rayons de lumière
qui ne se réfractaient même pas ; la détermination exacte,
certaine, facile, instantanée, de variations de température
tellement faibles que l'esprit lui-même a quelque peine
à les concevoir, qu'elles n'excéderaient pas, par exemple,
des centièmes, des millièmes de degré centigrade, à l'aide
de propriétés de la lumière, découvertes par M. Arago,
et d'instruments inventés par lui ; l'invention si ingé-
nieuse encore d'un *appareil rotatoire* destiné à l'étude du
principe lumineux, appareil déjà construit et dans lequel
un miroir peut exécuter jusqu'à quatre mille tours par
seconde ; la première détermination exacte de la *distance
des étoiles*, que vingt siècles de travaux et d'efforts
n'avaient pu parvenir à faire connaître ; enfin ces admirables *Notices* qui, en popularisant la science, peuvent
ouvrir en même temps un si vaste champ à tant d'autres
recherches par les aperçus ingénieux, par les points de
vue nouveaux, par les questions remarquables et si nettement posées dont elles fourmillent ; et ces *Éloges*, peut-
être plus admirables encore, rendus souvent si difficiles
par les positions délicates dans lesquelles s'étaient trou-
vés les illustres confrères du Secrétaire perpétuel, mais
cependant toujours si vrais, si pleins de goût, de mesure,
de convenance, qui seront sans le moindre doute, aux
yeux de la postérité, une de nos plus belles gloires litté-
raires.

« Tous ces titres, rappelés nécessairement ici d'une
manière trop rapide et trop incomplète, ne méritent certes pas l'espèce d'indifférence que l'on a, très rarement
sans doute, mais que l'on a cependant quelquefois essayé
d'attirer sur eux. Croirait-on, par exemple, pour ne parler que d'un seul des travaux cités plus haut, que celui

qui aurait découvert une classe toute nouvelle de phénomènes lumineux assez importants pour qu'un de ses confrères ait pu les appliquer avec un très grand succès à
l'étude d'une des maladies les plus dangereuses, ne serait
pas déjà par cette seule découverte assuré de l'immortalité? Croirait-on encore que celui qui aurait appliqué la
découverte à la construction d'un appareil assez ingénieux pour nous apprendre si le soleil, si les planètes, si
la lune seraient habitables, si ces corps sont des atmos-
phères, ne serait pas digne aussi de passer à la postérité?
Croirait-on enfin que celui qui aurait appliqué l'appareil
et la découverte à l'étude de la question précédente, et
qui l'aurait nettement résolue, ne mériterait pas à son
tour quelques éloges? M. Arago, qui a fait à lui seul ces
divers travaux, comme il en a fait beaucoup d'autres,
pourrait-il donc trouver chez ses contemporains et surtout chez nous, ses compatriotes, moins d'estime qu'il
n'en obtiendra de la part de la postérité?

« L'importance des travaux de M. Arago, écrit en terminant le directeur de l'Observatoire, l'élévation et la
générosité de son caractère ont été quelquefois méconn-
nues. Voulez-vous en savoir la cause? C'est qu'en parlant beaucoup des découvertes faites par les autres, il
parle fort peu de celles qu'il fait lui-même; c'est aussi
parce que, dans sa longue carrière scientifique, M. Arago,
toujours bienveillant, toujours disposé à encourager les
hommes qui travaillent, mais aussi toujours ami de la
vérité et de la justice, a dû quelquefois se trouver obligé
de signaler des erreurs scientifiques ou de choisir entre
deux documents qui n'avaient pas un égal mérite. Mais
à côté de jugements naturellement prévenus par suite de
quelques amours-propres froissés, voici l'opinion d'un
homme dont le jugement est d'un grand poids et dont
surtout la compétence scientifique est indiscutable. Je

demande un jour à M. le baron Alexandre de Humboldt ce qu'il pensait de M. Arago, et l'illustre savant me répondit : « *Je le regarde comme le plus noble cœur et la plus forte tête de l'époque.* »

CHAPITRE NEUVIÈME

Sans vouloir considérer à cette époque, comme aussi parfois de nos jours, un député simplement comme un homme d'affaires, débattant des intérêts particuliers en lutte avec d'autres, l'électeur s'efforçait d'examiner, à un moment critique de notre histoire locale, jusqu'à quel point un candidat pouvait être utile à ses commettants. Il fallait sans doute, comme toujours, de l'influence, de l'activité, du désintéressement.

On pouvait affirmer que, dans notre département, Arago réunissait ces trois conditions.

On se ferait une très fausse idée de ce qui se passait alors dans les hautes sphères du pouvoir, si l'on s'imaginait qu'il eût suffi de voter systématiquement avec le ministère pour en obtenir justice. Si, des centres qui composaient le bagage ministériel, on exceptait quelques chefs de file à qui rien ne saurait être refusé, le surplus était mené en laisse et traité de haut par les ministres, qui n'avaient pas grand intérêt à ménager leurs âmes damnées et dévouées quand même.

Qu'il s'agisse, pour Céret, du pont du Boulou à construire, de l'établissement militaire d'Arles à créer, — c'étaient les projets les plus importants de l'époque — ni M. Garcias, ni M. Parès ne pouvaient se charger d'en faire la proposition et de l'appuyer à la tribune : là leur influence était nulle sur ses amis, nulle sur les ministres.

Il devait en être tout autrement des propositions que

recommanderait un homme puissant par la parole, aussi
utile aujourd'hui que redoutable demain par l'universa-
lité de ses connaissances; un homme qui ne devait rien
solliciter et ne point s'abaisser, réunissant à l'avance les
suffrages de ses amis nombreux, de toutes les opinions :
on était en droit d'escompter que, sur tous les points où
il n'y aurait pas de principes politiques en jeu, Arago
prêterait généreusement aux organes du pouvoir l'appui
de sa parole. On lui devait, du reste, déjà plusieurs lois
importantes et l'intérêt des ministres eux-mêmes leur
commanderait de ménager un adversaire qu'ils savent
toujours prêt à battre en brèche leurs propositions anti-
nationales.

Pour l'activité, Arago avait fait ses preuves; et quant au
désintéressement, il suffit de rappeler les propres paroles
que le savant venait d'adresser à ses concitoyens : « Je ne
vous promets, disait-il, ni emplois, ni faveurs personnelles, ni bourses de collège, ni bureaux de tabac, ni
cordons, ni rubans; mais qu'une grande amélioration
soit nécessaire au pays, faites-m'en part et vous l'aurez. »

De plus, la politique intérieure des quinze dernières
années se résumait par la ruine de nos institutions, par
une guerre tantôt sourde tantôt ouverte contre nos libertés et par le gaspillage des richesses publiques. MM. Parès
et Garcias avaient soutenu cette politique néfaste qu'Arago
se disposait à combattre énergiquement.

§ 2. — Ovations enthousiastes faites a Arago.

« *S'il pouvait arriver*, s'écriait un électeur, *que M. Arago
ne fût pas nommé, personne n'oserait désormais se dire
Roussillonnais.* » Ces quelques lignes dépeignent bien l'état
d'âme des électeurs. A ce moment, le Roussillon était en

fête; Arago jouissait déjà d'une grande popularité : c'était,
disent les journaux, « un concert d'acclamations inouïes
sans exemple, une série d'ovations, de discours, de vœux,
d'hommages, d'arcs-de-triomphe, de banquets, dont
M. Arago s'étonne lui-même. Les populations s'empres-
sent, s'entassent sur ses pas; et comme si les communes
étaient jalouses les unes des autres, c'est à qui redoublera
d'attachement pour le grand citoyen qui représente si
bien le peuple dans ce qu'il a de grandiose et de sublime.
Dès que sa présence est annoncée quelque part, les travaux cessent et l'on se pare comme pour une grande fête.
On se porte au-devant de lui, on le cherche à l'horizon,
et, dès qu'il paraît, éclatent des vivats frénétiques. Les
uns pleurent de joie, les autres se jettent sur ses pas
pour recueillir quelques-unes de ces paroles bienveillantes qui tombent sans effort d'un cœur où l'affection
déborde. Les vieillards sont heureux d'avoir assez vécu
pour voir encore une fois l'homme qui a su, en s'élevant
à la hauteur du génie, rester aimable et simple. Les enfants le confondent avec leur père dans l'ingénuité de
leurs sentiments. Jamais mortel n'a été l'objet d'un pareil
culte. »

Tous les pays qu'il traverse, Saint-Paul, Estagel, Perpignan, Millas, Thuir, Elne, Rivesaltes, Torreilles, Saint-
Laurent-de-la-Salanque étaient électrisés par la présence
d'Arago et s'ingéniaient à le fêter. « Partout, écrit le reporter, la musique joue ses airs favoris; à Elne, une brillante cavalcade s'organise en costumes roussillonnais et
s'en va, le maire en tête, attendre M. Arago aux confins
du territoire. Puis les danses et un feu d'artifice s'impro-
visent en son honneur. A Saint-Laurent, on déterre un
vieux canon de bronze depuis longtemps gisant dans un
grenier, et M. Arago est salué, comme un prince, de
vingt et un coups de canon. »

Arago se dirigea vers la Cerdagne et voulut s'assurer par lui-même de la disposition des esprits à son égard dans le troisième arrondissement, qui lui offrait ses suffrages. « Sur toute sa route, dit le chroniqueur, à Ille, à Vinça, à Prades, même enthousiasme, mêmes arcs-de-triomphe. M. Arago envahit le royaume de M. Parès sans coup férir. On dirait un Vingt-Mars. Et M. Parès est témoin de cette marche triomphale!... » En ville, la corporation si intéressante des jardiniers avait également voulu donner de vifs témoignages de respect et de dévouement à notre illustre compatriote.

La législature nouvelle allait s'installer dans des circonstances très graves. Un nuage sombre trahissait sur tous les fronts les préoccupations d'un avenir incertain et orageux. On prévoyait des complications à l'intérieur et à l'extérieur. La paix, ou plutôt la trève de quinze ans, plus ruineuse qu'une guerre ouverte, pouvait se terminer par une lutte inévitable, et les concessions de Guizot allaient amener une collision au lieu de la prévenir. La France insultée avait besoin de volontés fermes et de défenseurs intrépides : tous les regards, dans le département, se tournaient vers Arago, l'homme honnête, le grand patriote.

DEUXIÈME PARTIE

CHAPITRE PREMIER

§ I. — AVANT L'ÉLECTION.

Le moment décisif approchait. La lutte était vive. A
Perpignan, les gens de bon sens, qui considéraient la
représentation nationale comme un élément nécessaire
et prépondérant dans la constitution du pouvoir, avaient
les yeux fixés sur Arago, dont le patriotisme et la ligne
politique qu'il s'était tracée avaient retenti dans toute la
France par l'organe des journaux : Paris l'acclamait; la
France entière avait applaudi à ,sa candidature; notre
département, de l'avis même des journaux adverses,
s'enorgueillissait d'avoir produit un tel homme[1]. « C'est à
vous qu'appartiendra la gloire, disait le même journal,
d'avoir doté la France d'un député qui *soutiendra les droits
de tous, l'honneur et les dignités nationales*, qui se livrera
à de sévères investigations sur toutes les questions de
localité, et en particulier réclamera fortement l'exécution

---

1. *Journal de la Préfecture*, en 1831. Ce même journal qui l'avait
soutenu s'opposait énergiquement à son élection.

de toutes les améliorations dont notre département est
susceptible ! [1] »

Le programme d'Arago était net, et j'ajouterai, plein
de patriotisme : Arago tenait à *conserver* nos institutions,
à réformer les abus qui pullulaient à cette époque; il
voulait des économies, l'équité dans les lois; en somme,
il désirait une France libre, grande et forte. Ses doctrines
se résumaient ainsi : conserver, améliorer lentement,
sagement, sans secousses; et pour que le progrès s'ac-
complisse, il fallait le mûrir dans l'esprit du peuple.

Voici le vibrant appel[2] qui fut fait, à la veille des élections décisives :

« Aux Électeurs,

« Un moment solennel approche. Il va être prononcé
sur le sort de la France. Qui prononcera? Vous, Messieurs,
qui, en ce moment, êtes plus que le roi, plus que les
ministres, plus que les préfets, plus que les députés, car
vous êtes la nation.

« Un jour, une minute seulement, tous les cinq ans,
vous exercez ce droit de souveraineté. Songez donc à la
grandeur de l'acte que vous allez consommer. En entrant
dans l'enceinte, soyez recueillis comme au seuil d'un
temple; écartez, comme une pensée coupable, toute préoc-

1. On a vu, dans l'étude déjà publiée : *Figures célèbres de l'Histoire
roussillonnaise*, chap. II : L'œuvre grandiose de F. Arago en Roussillon, combien Arago avait été diffamé et accusé de n'avoir rien
fait pour son département.

2. Je reproduis ces nobles paroles, ce manifeste, car il indique
combien était grande la popularité d'Arago, à côté des autres candidats. C'est en même temps un résumé lucide sur la situation critique de la France, surtout à l'extérieur. Cf. *Figures illustres du Roussillon*, chap. II, pages 32-51, H. Aragon, 1923, 5e série, livre IV.

cupation personnelle. C'est à la France que vous prêterez serment. Que le salut de la France, sa gloire, sa prospérité, soit donc le seul motif de votre détermination !

« Vous n'avez à consulter que votre conscience, et s'il vous reste quelques doutes, permettez-nous de vous rappeler que, par suite de la faiblesse de nos ministres et de la complicité des représentants, que leurs agents vous ont, en quelque sorte, imposés, la grande nation est tombée si bas que les étrangers ne la reconnaissent plus. En Syrie, les Anglais ont canonné le drapeau tricolore ; dans le Maroc, ils ont arrêté nos armes victorieuses ; ils ont osé dire à la France, à la France de Marengo, d'Austerlitz, de 1830 : « Tu n'iras pas plus loin ! » Si trois cents familles pleurent sur nos trois cents héros massacrés sur le sol marocain, ces larmes de sang c'est l'Angleterre qui les a fait couler ! Enfin, et pour comble d'humiliation, on vous a fait payer à genoux, sur vos sueurs, une indemnité avec excuses à l'Anglais Pritchard[1] qui nous avait insultés ! Un affront qu'un peuple libre ne supporterait pas même après une série de désastres, et que Paris envahi n'aurait pas subi en 1814, on nous l'a infligé en pleine paix, en face d'une flotte française, et les députés qui se disent Français l'ont ratifié ! Certes, si vous aviez su, il y a quatre ans, qu'il se trouverait des députés assez lâches pour se traîner aux pieds de nos éternels ennemis, vous les auriez jugés indignes de votre confiance. Or, quand ces mêmes députés, les Pritchardistes, osent se représenter devant vous portant au front, comme tache indélébile, la poussière du chemin, demandez-vous si vous êtes encore Français, et dites-nous si vous pouvez, sans remords, vous faire leurs complices !

---

1. J'ai résumé au début de cette étude la situation politique à cette époque, et rappelé nos relations avec les puissances voisines.

« Un seul homme, dans notre département, a protesté au nom de la France trahie. Un seul s'est voilé la face devant le deuil de la France. Un seul mérite encore de représenter son pays. Cet homme, c'est Arago !...

« Électeurs, l'air vibrera longtemps des acclamations qui ont salué notre grand citoyen. Cent mille voix, s'unissant aux vôtres, l'ont proclamé la gloire du Roussillon, l'honneur de l'humanité ! Et pourquoi ? Est-ce seulement parce que son génie nous honore tous. Non, mais parce que sa poitrine renferme un cœur éminemment national, et que l'instinct populaire réclame avant tout la grandeur du pays. Voilà pourquoi toutes les âmes se sont élevées au niveau de la science. Il est savant, il a du génie, M. Arago. Il a l'univers pour patrie. Mais déplacez de quelques lieues son berceau et demandez-lui si au prix de tous ses titres il n'achèterait pas sa qualité de Français. Voilà l'homme, et répudiez-le si vous l'osez !... Dégagés des considérations sordides et mesquines que des intrigants vous ont soufflées, vos propres sentiments vous entraînent vers M. Arago ; et quand nous vous le redemandons tous, suivez à la fois les mouvements de votre cœur, l'élan du Roussillon, les désirs de la France ; votez pour M. Arago.

« Qu'a-t-on fait luire à vos yeux pour éclipser l'éclat de ce grand nom ? Des promesses ? Oh ! nous savons bien que la corruption a marché grand train et que l'on est parti de cette machine infernale, devise de tous les mauvais gouvernements : *Il n'y a pas une conscience qui ne soit à vendre pourvu qu'elle trouve un acheteur...* Qu'est-ce qu'un homme de vingt-quatre heures (M. Arago) auprès d'un rejeton d'une vieille famille ? Puis, on a promis des écharpes de maire, des justices de paix, des perceptions, des emplois de préfecture à foison ! Et pourtant, bien qu'il n'eût rien de semblable à promettre, M. Arago a compté sur votre désintéressement autant que sur votre bon sens.

« Si encore on opposait à M. Arago d'autres hommes que deux députés pritchardistes, l'un parfaitement nul, l'autre très fort en réquisitoires, mais étranger au pays, comme à la France elle-même, depuis son vote pour l'Angleterre ; un troisième enfin, un inconnu, sans nom, sans titres, sans passé, sans croyances ! Mais non ! il fallait avant tout humilier M. Arago et le Roussillon avec lui ! Et pour que l'insulte fût plus sensible, on n'a point trouvé d'instrument trop faible. Dans les mains d'un préfet, qui faisait litière de toutes les gloires de la France, pour marcher à son avancement, on a remis, afin qu'il nous en soufflelât, un enfant qui ploie comme une verge sous ses doigts. Et certaine famille, qui n'ose plus entrer en lice, depuis que les millions de ses caves, étalés au grand jour, ont pàli devant le soleil de l'intelligence, s'applaudit d'une lutte dont tous les coups ne s'égarent pas sur elle !

« Et n'est-ce pas déjà un spectacle assez piteux, n'est-il pas assez poignant pour M. Arago de voir son nom ballotté dans une urne avec les noms de Garcias, Parès et Contades? Pensez-vous qu'il n'ait pas souffert, lui, le savant de premier ordre, l'orateur éminent, l'homme de cœur, de descendre pour un instant au niveau d'une intelligence au-dessous du vulgaire, quoique appartenant à l'âge mûr ; d'un député qui s'est dénaturalisé en votant pour l'Angleterre? Ce sacrifice, il l'a fait noblement, il l'a fait sans crainte, parce qu'il a lu dans les cœurs son nom écrit en caractères ineffaçables...

« La gloire du Roussillon vous est remise en dépôt. Un jour vos enfants vous en demanderont compte ; un jour notre pays se couvrira de monuments ; un jour, des deux bouts du monde, les savants y feront un pieux pè-

lerinage, comme au tombeau de tous les grands hommes, et si la postérité venait à leur apprendre que, de
son vivant, M. Arago s'est vu préférer un Garcias, un
Contades, un Parès, ils en conclueraient que Dieu s'est
trompé en nous donnant son trésor et que nous en étions
indignes. Non, vous n'imposerez pas cette expiation à
vos fils, vous ne pouvez voter que pour M. Arago. »

§ 2. — Les élections du 4 août 1846. — Considérations
sur ce vote et sur la représentation nationale.

Jamais les élections n'avaient été aussi sérieuses.
D'abord, en 1839, il ne s'était présenté dans le premier
arrondissement que 400 électeurs environ; en 1842, que
300; le 1ᵉʳ août 1846, on en comptait 488 pour la formation du bureau, et 538 deux jours plus tard. Dans les
deux autres arrondissements, le zèle n'avait pas été
moindre. Des points extrêmes de la frontière, comme du
centre, tous les électeurs, valides ou non, qui avaient dû
se faire transporter *au collège*, avaient voté.

Il était évident pour l'observateur le plus vulgaire que
les deux seuls adversaires en présence étaient d'une part
l'administration, de l'autre, l'opposition personnifiée de
M. Arago. Les trois candidats que présentait la première
disparaissaient dans la liste pour faire place au préfet,
aux sous-préfets, à leurs agents, à tout ce qui tient, de
près ou de loin, au gouvernement.

On pouvait donc affirmer que, pour la première fois,
nous avions eu sur tous les points des élections vraiment
politiques les seules questions que se posaient les électeurs se résumaient dans ces deux principes : Êtes-vous
pour ou contre l'Administration? Avez-vous, ou non, se-

coué le joug? En somme, êtes-vous libres et prenez-vous
au sérieux la représentation nationale?

De plus, c'est un fait remarquable, il ne s'était présenté, ni à Prades ni à Céret, aucun candidat de l'opposition. Que pouvait-on chercher, disaient les électeurs,
dans ces montagnes vouées à tout jamais au despotisme
administratif? Un homme indépendant n'aurait pas
réuni vingt suffrages. A Prades, c'était pis encore : les
élections se passaient depuis longtemps entre deux
conservateurs qui se souciaient fort peu des opinions politiques. Or, voilà que le drapeau de l'opposition venait
d'apparaître comme par enchantement sur la montagne :
drapeau aux couleurs franches, vives, accusées. Il ne
dépendait pas des adversaires de la liberté qu'on n'y
lise en toutes lettres : *république* et *communisme*. Et cependant, des deux côtés du Canigou, on le saluait; on y
accourait. Les doctrines politiques se faisaient jour dans
toutes les intelligences. On pouvait constater deux progrès immenses dans l'état des esprits : le peuple s'était
affranchi.

Rien ne manquait à l'éclat de ce réveil; rien plus ne
les arrêtait, ces électeurs indépendants. Au seul nom
d'Arago, ils accoururent; ils se passionnèrent pour un
symbole, pour un principe. La vie politique venait de
s'infiltrer dans toutes les veines du corps électoral.

CHAPITRE SECOND

§ I. — Triomphe d'Arago.

Voici le résultat matériel des élections :

1ᵉʳ arrondissement : Nombre de votants. . 538

    Pour Arago. 343
    — De Contades. 192
    — Voix perdues. 3

2ᵉ arrondissement : Votants. 218

    Pour Garcias. 125
    — Arago 90
    — Voix perdues. 3

3ᵉ arrondissement : Votants. 186

    Pour Parès. 108
    — Arago 76
    — Voix perdues. 2

En somme, en dépit de la loi qui avait fractionné les collèges, les électeurs des trois arrondissements qui avaient concentré leurs suffrages sur Arago, s'étaient liés par une noble solidarité : seul, dans toute la France, le département des Pyrénées-Orientales avait protesté par son exemple contre une loi dont les funestes effets n'avaient jamais été mieux mis en lumière : En effet, le nombre de votants s'élevait à un millier environ (942 exactement) : Arago avait réuni la majorité absolue, soit

5og voix. S'il eût manqué à Arago 15o voix, malgré les
4oo voix restantes, Arago eût été exclu, tandis que
Garcias, riche de cent votes, eût repris sa place au Palais-
Bourbon. Devant une loi semblable, on pouvait dire
que le fractionnement des collèges est mortel pour la
représentation nationale. Il fallait à chaque département
une seule élection, un seul collège divisé en autant de
sections que d'arrondissements.

§ 2. — L'ÉLECTION.

Le mois de juillet s'était passé dans l'ardeur de la fièvre. Le grand jour était attendu avec impatience : la position s'était éclaircie. Que restait-il aux adversaires
d'Arago? Quelles armes ne s'étaient point brisées dans
leurs mains? Politique, intérêt local, moyens d'action
plus ou moins condamnables, tout avait été passé au
creuset de la discussion. Les partisans d'Arago restaient
maîtres du terrain. Mais tandis que notre compatriote
respirait le doux encens de la popularité sur tous les
points du département, ses ennemis redoublèrent d'activité. Et tandis qu'Arago planait sur le pays de toute la
hauteur de son génie, ses adversaires minaient le sol
sous ses pieds. A la vivacité de la lutte on pouvait mesurer d'avance l'étendue du succès : ses ennemis, du reste,
n'avaient rien négligé pour rendre la victoire plus éclatante encore.

Écoutons le récit fidèle de ce contemporain qui suivait pas à pas le triomphe de notre illustre compatriote :

« Dès le premier jour (1er août) les campagnes s'étaient
précipitées dans la ville, et la ville se divisait en deux
camps. Auprès de la salle Saint-Dominique s'étaient établis les deux quartiers généraux. Là, pour la première

fois, d'une fenêtre à l'autre, nous eûmes la satisfaction d'apercevoir quelques officiers de l'état-major de M. de Contades, dont la renommée seule nous était jusqu'alors parvenue. On se voyait de près enfin. Et la pâleur de certaines figures contrastait singulièrement avec l'assurance de nos amis. Le destin de chacun se lisait sur son front.

« Les électeurs les plus âgés comme les plus jeunes s'étaient fait un point d'honneur d'arriver les premiers pour y être installés... M. Arago parut dans la salle, et autour de lui se groupèrent ses amis. Mai. honteux de leur petit nombre, les partisans de M. de Contades ou du préfet, se mêlèrent dans tous les rangs... A dix heures du soir, M. Arago fut proclamé président du bureau définitif : premier succès auquel répondit un long cri de « Vive Arago ».

« Mais, qui décrira la journée du lendemain ! Quelles expressions, quel pinceau donnera une idée de l'enthousiasme populaire ! Dès le matin, une députation nombreuse, accompagnée d'un piquet de gendarmes, vint prendre à son hôtel, le président du bureau. M. Arago traversa la foule jusqu'alors silencieuse et remercia la force publique. La veille, la présence d'un commissaire de police, de ses agents et de ses gendarmes nous avait contristés. Le dimanche, tout prit un autre aspect. De troupes, à peine. Plus nombreuse, plus animée, la population resta calme, et c'est ainsi que nous la retrouverons toujours lorsqu'on ne la provoquera pas. Dès le principe, elle s'était donné le beau rôle. Elle n'en est pas descendue.

« Il était quatre heures du soir lorsque sortit de l'urne le premier suffrage qui donnait à M. Arago la majorité absolue. Un cri de : « Vive Arago! » y répondit encore, mais cette fois unanime, prolongé, retentissant comme la voix du tonnerre, depuis le centre de la ville jusqu'aux extrémités... Trente mille personnes entonnaient le même hymne de triomphe. Le cœur éclatait dans toutes les poitrines; la joie illuminait tous les visages. Oh! que le peuple est sublime dans les grandes scènes de la vie! En détail, il offre des misères; mais en masse il s'élève, il atteint la taille des grands hommes. Ce ne sont plus des individus qui parlent, qui agissent; c'est un seul géant à mille voix, à mille bras. La patrie est-elle en danger, réunissez trente mille hommes; agissez sur eux par la puissance du génie et de la volonté, puis jetez une seule étincelle dans ces âmes préparées, et vous aurez trente mille soldats.

« L'émotion devait réagir sur M. Arago. Il en fut accablé; sa voix s'altéra; les larmes roulaient dans ses yeux. Le dépouillement du scrutin fut suspendu; il n'offrait d'ailleurs plus d'autre intérêt que l'importance plus ou moins grande d'une majorité certaine... »

« Honnête, franc, loyal et généreux jusqu'au bout, M. Arago, proclamé député, offrit à l'auditoire de s'expliquer de nouveau sur ses doctrines politiques. Dans ce discours[1], il s'offrit aux interpellations de ses adversaires, prêt à donner à l'instant sa démission s'il ne parvenait à les persuader tous. Il ne lui fut rien répondu : l'élection d'Arago était consacrée par le silence de ses adversaires.

« Mais il devait sortir de la salle et traverser la ville pour se rendre à l'*Hôtel de l'Europe* : il put dans cette foule compacte se frayer un passage; « il descend lente-« ment dans la rue Saint-Dominique, la tête haute et dé-« couverte, précédé de la nombreuse jeunesse de la ville, « et suivi du cortège des électeurs indépendants. Une ex-« pression indéfinissable de tendresse adoucissait la sévé-

---

1. Je le reproduis plus loin.

« rité de ses traits. Les maisons jusqu'au faîte, étaient
« pavoisées de têtes et de toilettes brillantes ; et chacun
« s'enivrait, sans se rassasier, de la présence de l'idole du
« Roussillon. La soirée s'est terminée par des illumina-
« tions brillantes, préparées à l'avance par la jeunesse de
« Perpignan, qui dans son enthousiasme n'avait jamais
« douté de la victoire. La place de la Loge, le faubourg
« étaient magnifiques ; la rue Arago, qui ne brille pas
« par la richesse, éclipsait toutes les autres par l'ensem-
« ble des décorations. C'est avec la gloire que se console
« le pauvre peuple... »

Le reporter de l'époque ajoute qu'à cette fête assistait
un écrivain, illustre avant l'âge, l'auteur de l'*Histoire de
Dix ans*, Louis Blanc, arrivé le jour même à Perpignan.
Ce romancier qui avait vu le peuple sous son aspect véritable, et qui savait si bien mettre en relief ses côtés gran-
dioses, pouvait dire s'il l'avait, dans une semblable manifestation, jamais vu aussi beau.

Mais, hélas ! dans cette soirée solennelle, l'autorité militaire prenait une attitude provocante. Il y eut des scènes
affligeantes. La ville entière protesta.

§ 3. — Troubles a Perpignan. — Émeute militaire
des 1ᵉʳ et 2 aout.

Voici les causes de ces émeutes, d'après les chroniques
de l'époque[1] :

A la suite d'un article essentiellement provocateur qui
avait paru dans le *Journal de la Préfecture*, le général Castellane avait mis avec grand fracas sa division sous les

---

[1]. Le récit de ces émeutes montrera la surexcitation des esprits à
cette époque et l'effervescence de tous les représentants du Roi devant la proclamation de la République.

armes. Le but évident de l'autorité était de faire croire aux populations éloignées que Perpignan, préparait le désordre, et par là effrayer les électeurs de la campagne et les éloigner du scrutin, sous prétexte de troubles imaginaires.

Tandis que la population, rayonnante de joie, se répandait dans la ville en répétant son chant de triomphe — qui n'était pas un chant de guerre — « Vive Arago ! » les troupes débouchaient de toutes parts, s'emparaient des places, allaient, venaient : leur présence seule exaspéra les habitants. Que faisaient là les troupes ? Quels désordres y avait-il à réprimer ? Aucun. Donc, on provoquait de nouveau.

« Le lendemain, à 7 heures du soir, dit le reporter, M. de Castellane traverse la place de la Loge, où ne se trouvaient pas vingt personnes réunies. Quelques cris l'y accueillent, et voilà un homme d'âge, un lieutenant-général, un fonctionnaire de l'ordre le plus élevé qui s'emporte comme un enfant, et parle de faire arrêter les provocateurs. Quel était ce cri séditieux ? On ne le croira pas ; c'est ce seul mot : « Vive Arago ! »

« Au même instant, et par ordre de M. de Castellane, on bat la générale ; l'infanterie, la cavalerie, l'artillerie s'ébranlent ; la place de la Loge, les rues adjacentes, et bientôt toute la ville est jonchée de troupes : et pourquoi ? pour venger le général de cette insulte : « Vive Arago ! »

« C'est de la folie, s'écrie-t-on. Mais comme rien n'est plus dangereux que la folie armée ; mais comme le sabre commence à *mouliner* et à balayer la place, les citoyens les plus prudents refoulent leur indignation et se jettent au milieu des groupes pour les apaiser. De son côté, le Conseil municipal se rassemble sous la présidence du Maire. Des interpellations vives assiègent ce magistrat qui déclare qu'il n'a donné aucun ordre à la force publique. Le général reparaît, et le commissaire de police se permet de porter la main sur un membre du Conseil ! Le colonel Pons, dont l'énergie est connue, en a donné ici une preuve plus méritoire que sur les champs de bataille. Il a réussi à se contenir et, grâce à l'intervention de l'un de ses collègues, M. Fraisse, cette première algarade n'eut pas de suite.

« Le Maire demande au général de faire retirer les troupes, se chargeant de son côté de calmer l'irritation de la foule. Tout va donc s'arranger, lorsque survient le Préfet[1], en tenue et la colère à la bouche. Ses traits bouleversés annoncent l'orage. « Retirez-vous, dit-il au Maire « et au Conseil, sous un ton que nous ne pouvons rendre. « Retirez-vous ; vous êtes sans qualité ici. Dans ma per- « sonne se concentrent tous les pouvoirs. » Vainement, M. Pons, M. Guiter, tout le Conseil entoure le Préfet et lui parle le langage d'une haute raison. Le Préfet maltraite le Conseil, insulte le représentant de la ville, manque à sa propre dignité, fait charger les armes, et le roulement des tambours annonce une première sommation.

« Contre qui ? Contre quoi ? Où est le désordre ? Où est l'émeute ? Quels sont les cris séditieux ? « Vive Arago ! » A-t-on lancé une seule pierre, proféré la moindre menace ? Non, la population serait cent fois plus agglomérée, sa joie serait tant soit peu plus bruyante, qu'il n'y a pas le moindre désordre à craindre...

« Le Préfet n'en démord pas. A une minute d'intervalle, c'est-à-dire un temps matériellement insuffisant pour l'évacuation de la place, les sommations se succèdent, puis vient une charge de cavalerie. Le sabre chasse

1. Claude Vaïsse.

devant lui les citoyens et leurs repré entants. Nous sommes en pleine Turquie[1].

« Heureusement, nous avons une population modèle. Au nom de M. Arago, elle s'est tue, elle s'est rangée, regardant sans effroi, mais avec mépris, passer et repasser les sabres nus et les canons chargés. Ouvriers et jeunes gens, tous se sont montrés admirables. A onze heures du soir, il ne restait sur place que les autorités avec leurs troupes rangées en bataille. Chose presque miraculeuse, pas un accident n'était à déplorer. »

Mais un malheur plus grand venait de se produire. L'autorité supérieure avait mis le comble à ses vexations ; elle avait perdu tout prestige ; elle s'était aliéné la population[2].

On se demandait, devant une telle audace, comment l'autorité s'y prendrait pour justifier ses actes ; la tribune devait en retentir, et l'on se proposait formellement de demander si les citoyens vivaient sous des institutions civiles, s'il était permis à un général et à un préfet d'insulter une ville et de paisibles citoyens. En attendant, ceux-ci, sans distinction de classes, d'opinions, les travailleurs, les jeunes gens, les pères de famille, les conseillers municipaux[3] principalement, protestèrent contre cette violation

1. Aujourd'hui nous dirions « en pleine Bochie ! »

2. Deux escadrons du 12ᵉ chasseurs, en garnison à Carcassonne, avaient reçu l'ordre de se rendre à Perpignan, ainsi que 40 hommes du 2ᵉ chasseurs, en garnison à Narbonne. Deux compagnies de Montlouis devaient se rendre à Prades.

3. Il convient, après trois quarts de siècle, de louer la noble attitude du Conseil, qui venait de prêter individuellement le serment de fidélité au roi des Français, d'obéissance à la Charte constitutionnelle et aux lois du royaume. Le maire, vu la régularité des procès-verbaux des élections communales, venait de procéder (le 18 juillet 1840) à l'installation des membres nouvellement nommés : MM. Michel Carcassonne, Jean Carcassonne, Ferrer, Fraïsse, Gulter, Lacroix, Lassalle, Charles Lazerme, Lafabrègue, Rivière, Vassal. Quatre membres étaient absents ; c'étaient : MM. Durand, Dalverny, Ferriol, d'Ortaffa.

flagrante de toute liberté, de toute dignité humaine.

Si le préfet de l'époque, si le général de Castellane avaient juré de pousser à bout la population placide de Perpignan, leurs efforts avaient été inutiles. En dépit du « télégraphe et du sabre qui s'agitaient sur leurs têtes », les campagnards, comme les citadins, avaient gardé une attitude énergique, fière et dédaigneuse. On jetait aux Perpignanais un défi; ceux-ci le dédaignèrent. On voulait une émeute, elle n'aurait pas lieu. Avant de quitter le Roussillon, les Proconsuls voulaient l'ensanglanter. Les Roussillonnais faisaient bon marché de leur sang, mais ils n'aimaient à le verser que pour la défense de la patrie et non dans les rues de leur capitale.

§ 4. — Situation politique après l'émeute.

En Roussillon, on était en plein arbitraire. Non seulement l'interdit était jeté sur l'autorité civile, — la seule que les Roussillonnais reconnaissaient, — non seulement l'ordre des pouvoirs publics était interverti, mais le régime du sabre remplaçait une administration paternelle. Les élus de la cité se voyaient livrés à la justice pour avoir maintenu l'ordre troublé par les fantaisies d'un général[1], d'un préfet, d'un procureur avide de vengeances. « Au nom de la loi ! » criaient-ils dans leurs sommations. Eh bien ! ils se trompaient, car ils s'étaient mis eux-mêmes hors la loi. Il n'y avait, du reste, qu'un seul cri au sujet des scènes révoltantes de ces deux journées.

En effet, la ville était parfaitement tranquille. Généreux

---

1. Des témoins des émeutes avaient dit que le cri de « Vive Arago » *était une injure pour lui*, que ni lui, ni le gouvernement du roi, *ni ses troupes* ne le *permettraient* (témoignage de Masvezy). Ailleurs, devant des personnes, il aurait dit : « *Il faut* bien qu'on *me craigne* » (témoignage de Brousse-Cadet).

dans leur victoire, les hommes indépendants désiraient
les premiers tendre la main aux vaincus, et s'ils n'avaient
pu aller jusqu'à leur épargner le spectacle d'un triomphe
légitime, du moins aucune parole malsonnante, ni sif-
flets, ni huées n'avaient aggravé leur douleur. Il fallait
avoir la vanité puérile d'un lieutenant-général ou la haine
d'un préfet pour découvrir une injure quelconque dans un
cirat où le seul nom prononcé était celui du glorieux député.

En parlant « d'attroupements tumultueux et menaçants », le préfet calomniait ses administrés. En effet, sur
la place de la Loge, le 3 août, il n'y avait de menaçante
que la troupe. Les adversaires de l'autorité, pour avoir
perdu la partie à Céret, n'en avaient pas moins conservé
la dignité qui sied à une défaite plus honorable que bien
des victoires; ils coudoyaient les conseillers municipaux
de la ville, mêlés à une jeunesse ardente, mais discipli-
née, confondus avec la population ouvrière, très indignée
sans doute, mais se tenant respectueusement sur les limites
de son bon droit. On peut affirmer que jamais ne furent
faites sommations plus inopportunes, et, sans la présence
du général, la soirée se serait passée dans le calme le plus
absolu. Au contraire, au lieu de faire renaître l'ordre, les
sommations exaspéraient les plus calmes : il fallut pendant plusieurs heures toute l'autorité, toute l'influence des
personnes notables, et surtout le nom magique d'Arago,
pour étouffer la voix irritée de tous les citoyens. On peut
dire que ce fut le bon sens du peuple, joint à l'autorité
morale d'Arago[1], qui suffit à rétablir l'ordre et prévenir
une calamité imminente et incalculable.

1. Arago, après l'élection, pressentant des troubles, aurait fait
distribuer la circulaire suivante :

« Mes chers concitoyens,

« Je ne réussirais pas à vous exprimer combien j'ai été touché et
reconnaissant de vos manifestations bienveillantes. J'en conserverai

Le rédacteur de la feuille hostile au gouvernement s'adressait au général de Castellane après ces émeutes, et, dans un langage concis, ferme et patriotique, il lui envoyait cette sanglante philippique :

« ... Vous, M. de Castellane, qui compromettez en un jour une popularité de quinze ans, si, dans les amis qui naguère encombraient vos salons, vous aviez eu le bon sens de voir autre chose que des gens disposés à faire leur cour à tout venant, vous n'essaieriez pas sur nous le régime martial que vous appliquerez à l'Afrique si vos succès oratoires vous y envoient.

« Mais vraiment il suffirait d'être investi par le pouvoir central d'une autorité quelconque pour l'exercer à tort ou à travers dans un pays tranquille et tourmenter une population qui refuse de s'associer à des haines étrangères ! Non, nous entendons, en foulant le sol français, y jouir de toutes les libertés que le sang de nos pères y a fécondées. Ces libertés, nous entendons les léguer intactes à nos enfants. Nous entendons fêter qui bon nous semble, et, malgré intrigues, abus, corruptions, vénalités, promesses, menaces, émeute militaire, intimidations, nous faire représenter à l'Assemblée nationale par l'homme qui a recueilli et recueillera toujours nos éclatantes sympathies. Nous ne souffrirons pas que l'insulte nous atteigne dans la personne de nos édiles Un commissaire de police ne portera pas impunément la main sur un homme vénéré entre tous, qui a honoré la France sur les champs de bataille de l'Europe et la ville de Perpignan dans les fonctions les plus élevées. Sans autre autorité qu'une in-

un souvenir éternel ; toutefois, j'ose vous supplier de mettre un terme à l'expression publique et si honorable de vos sympathies pour moi.

« Un concours de circonstances, sur lequel je n'ai pas à m'expliquer maintenant, pourrait amener des conflits qui feraient le malheur de ma vie. » (4 août 1846.)

fluence noblement acquise, il est tout à nos yeux. Et vous, qui de l'égide des lois faites un glaive et l'appuyez sur nos poitrines, vous n'êtes rien pour nous, que des hommes dangereux.

« Nous savons bien que vous nous dépeindrez à votre gouvernement sous les couleurs les plus fausses. Le té-légraphe a déjà demandé des troupes fraîches, comme si l'on craignait qu'une garnison aimée d'une ville hos-pitalière ne pût pas en épouser les justes colères. Et dans vos rapports, comme dans votre feuille, vous ne manquez pas de dire que M. Arago n'a réussi que par l'intimidation! (Il a tant de troupes et de canons sous ses ordres!) Vous ajoutez que le département est en feu, sans dire toutefois que vous y soufflez l'incendie; vous crierez tout haut qu'il y a eu deux, trois, quatre émeutes, mais que force est restée à la loi; et si la ville se jonchait de cadavres, vous y bivouaqueriez la nuit, en rédigeant ainsi votre dernier bulletin : *L'ordre-règne à Perpignan.* Mais à moins que vous ne brisiez nos pres-ses, à moins que vous ne bâillonniez la voix de vingt mille citoyens, à moins que nos protestations ne s'ense-velissent dans les cartons de la poste, à moins que M. Arago ne parvienne pas au Palais-Bourbon, le mi-nistère d'abord, et la France ensuite sauront : Qu'une foule immense, compacte a porté M. Arago dans ses bras depuis Caudiès jusqu'à Bourg-Madame, sans que le moindre symptôme de désordre s'y soit pro-duit... »

Ainsi on pouvait affirmer que l'élection d'Arago n'était due qu'à son nom tout-puissant, à ses doctrines toutes nationales, à ses conceptions toutes de progrès.

On pouvait affirmer que son triomphe avait été bruyant, que la ville avait bouillonné d'enthousiasme, que les campagnes jalouses s'y étaient entassées, que les illuminations avaient été magnifiques, les *vivats* énergiques, et que jamais roi ne recevait pareils hommages, même après une victoire qui aurait sauvé l'empire; mais que pas un seul des adversaires, ni le Préfet ni ses subordonnés n'avaient été insultés.

On ne pouvait néanmoins nier que les autorités avaient aigri, froissé les citoyens, violé les lois, et qu'il n'avait pas dépendu de celles-ci que la ville n'ait été plongée dans le deuil.

Enfin, la sagesse des citoyens avait fait justice de provocations passées, comme elle devait dédaigner les provocations futures.

Disons un mot du résultat final des élections : il y avait eu 289 conservateurs réélus ou anciens et des députés de l'opposition, 166 réélus ou nouveaux. A ce moment, plus que jamais, la corruption avait marché tête levée. Les intrigues, les manœuvres et les brigues électorales avaient dépassé toutes les limites, c'est-à-dire toutes les prévisions. Le décret de la loi de 1831 se trouvait ainsi augmenté par ce nouveau poids d'actes corrupteurs et arbitraires dont un ministère sans vergogne avait assumé la responsabilité. Le Cabinet semblait n'avoir donné à ses agents qu'un mot d'ordre : « Réussir à tout prix », et ce mot d'ordre avait été fidèlement suivi. Tout était devenu une arme entre les mains de ce Cabinet. On avait caché le plus longtemps possible les noms des nouveaux députés de l'opposition pour ôter aux électeurs indépendants cette confiance morale qui anime le zèle par la perspective du succès. Enfin ce ministère — qui n'avait pas eu, cette année, à exploiter l'accident du duc d'Orléans, avait indignement exploité le coup de pistolet du concert des Tuileries[1]. D'un

1. L'assassin Joseph Henry avait tiré sur le roi deux balles dans

acte insensé, qu'on ne peut même pas appeler une tentative de meurtre, le ministère avait fait un complot, œuvre des factions et des éternels ennemis de l'ordre. Il en
avait fait un instrument électoral.

En somme, ce serait bien mal juger l'esprit du Roussillon que de le croire en proie aux fascinations d'un
aveugle fétichisme. Qu'on relève tous les discours adres-
sés à Arago : Après l'éloge obligé du mérite, après les
protestations d'attachement rendues nécessaires par les
dénigrations officielles, on remarquait l'expression toujours fidèle et souvent heureuse des vœux de ses concitoyens. En remerciant le grand savant[1] de ce qu'il avait
fait, on prenait la liberté de lui rappeler ce qui lui restait
à accomplir pour la grandeur de la France et pour la prospérité de notre département.

le jardin des Tuileries, le 29 juillet, à 7 h. 1/2 du soir. L'assassin
était à vingt pas de la fameuse statue de Keller, *la Vénus accroupie*,
derrière la grille du palais.

1. La grande figure d'Arago apparaît non seulement dans ses discours, mais encore dans ses lettres intimes. La lettre de François
Arago à son neveu (du 5 août 1846) — lettre qu'a bien voulu me confi-
fier M. de Cazis de Lapeyrouse, neveu du Vice-Amiral Arago — indique encore plus nettement l'état de surexcitation des esprits, que
le savant, dans son triomphe, s'efforçait de calmer avec tant de dignité, le lendemain de son élection.

CHAPITRE TROISIÈME

§ 1. — Protestation de la ville de Perpignan contre l'émeute militaire du 2 aout. — Noble attitude du Maire Guiraud de Saint-Marsal.

Après l'échauffourée inexplicable du 2 août, une protestation énergique signée de la majorité des membres du Conseil municipal et des habitants de Perpignan avait été remise à Arago qui devait la produire à la tribune. Si le préfet, si le général avaient prévenu les ministres contre les partisans d'Arago, s'ils justifiaient dans leur rapport leur conduite ultra-rigoureuse; s'ils s'étaient attribué le mérite d'avoir purifié le pays, un millier de témoins appartenant à toutes les opinions devaient établir le contraire.

Du reste, ces plaintes bien fondées avaient trouvé de l'écho dans le sein même du Conseil municipal, qui s'était réuni en session ordinaire : à la suite de cette circulaire, les deux conseillers Picas et Guiter, organes puissants des intérêts de la ville, avaient émis le vœu que l'autorité municipale fit respecter ses privilèges dans toutes les occasions.

Voici la protestation que l'on fit circuler dans tous les quartiers et qui fut, malgré le départ d'Arago, couverte de signatures :

« Nous, habitants de la ville de Perpignan, représentants de la cité, et simples citoyens, pères de famille et jeunes gens, propriétaires, négociants, artisans et ouvriers, mus par un sentiment commun de douleur et d'indignation étranger à toute opinion politique,

Mon cher Comte

On m'annonce que l'autorité va envoyer un bataillon à Estagel, pour donner main forte à ceux qui auront l'ordre de déplacer mon buste. Je vous prie, je vous supplie à genoux d'inviter la population à ne faire aucune résistance. Dites à mes chers compatriotes qu'ils ne me donneront jamais une plus précieuse marque d'attachement, qu'en déférant à la prière que je leur adresse à mains jointes

ayez confiance dans l'avenir: Tout ce qui se fait aujourd'hui d'irrégulier, de brutal sera réparé.

Adieu, mon cher Comte. Je vous en prie de nouveau, invitez, en mon nom, toutes nos compatriotes, à ne pas même faire entendre une parole de désapprobation quand on procédera au déplacement du buste.* S'ils suivent fidèlement mes conseils, ils auront droit de ma part à une reconnaissance éternelle

* Point de Vive Arago surtout

... avec confiance dans l'avenir :
Tout ce qui se fait aujourd'hui
d'irrégulier, de Bristol sera réparé.
Adieu, mon cher Porte. Je vous
en prie de nouveau, invitez, en
mon nom, toutes nos compatriotes,
à ne pas même faire entendre
une parole de désapprobation
quand on procédera au déplacement
du Buste.* S'ils suivent d'ailleurs
mes conseils, ils auront droit de
ma part à une reconnaissance
éternelle
* Point de vive arago surtout

montrez ma lettre à toutes nos amis
j'espère qu'ils s'associeront à ma
sollicitude —

Tout à vous
F. Arago

le 5 août 1846

Monsieur
Monsieur Porte.
(En son absence, à M. M.
morat, françois Gonsalvo, 36 ;
Estagel

« Considérant :

« Que, dans les soirées des 2 et 3 août, les manifestations de joie inoffensives qui accueillirent l'élection de M. Arago ont été violemment troublées par l'intervention de la force armée;

« Que, au lieu de demander par la voie légale la répression de cette injure, au moins étrange, M. de Castellane a fait battre la générale, réuni sa division, envahi les rues et les places, ordonné de charger les armes, semé le trouble et l'effroi, exaspéré, enfin, au plus haut degré, une population calme, paisible, heureuse; oubliant ainsi jusqu'aux témoignages d'affection personnels qui, en d'autres temps, ne lui faisaient pas défaut;

« Que, par cette prise d'armes, injustifiable de tout point, puisque la ville ne présentait pas la moindre apparence de désordre, M. de Castellane a eu le tort, non moins grave, d'usurper les fonctions de l'autorité civile, à qui seule appartient la police de la ville;

« Que M. le lieutenant-général comte de Castellane, imaginant une injure personnelle dans un vivat adressé à M. Arago, s'est permis de requérir des arrestations, notamment celle de M. le colonel Pons, membre du Conseil municipal;

« Que, l'imprudence du général a été aggravée encore par l'intervention de M. le Préfet, lequel, méconnaissant le caractère du premier magistrat de la cité et maltraitant les représentants qui l'entouraient, a fait des sommations intempestives, suivies de charges de cavalerie, qui avaient tout le caractère d'odieuses provocations;

« Que si nous n'avons pas d'affreux malheurs à déplorer, on le doit uniquement au bon sens et à la patience, dignes des plus grands éloges, d'une population brutalement insultée;

« Qu'il est si vrai que la présence des troupes a seule

causé quelques rassemblements, que depuis leur absence la ville a repris sa tranquillité habituelle;

« En résumé :

« Que, assimiler à une injure ou à un cri séditieux, un de ces vivats permis à toutes les opinions, est tout à la fois blessant pour notre illustre compatriote et attentatoire à la plus sainte des libertés, qui sont comme les manifestations de la conscience;

« Que porter la main sur l'un des élus de la cité est, de la part d'un militaire, un attentat sans exemple aux droits municipaux et une violation de nos institutions;

« Que les faits qui nous ont affligés ne pourraient se comprendre qu'après une mise en état de siège, régulière dans la forme et nécessitée par des circonstances graves,

« PROTESTONS HAUTEMENT, au nom de la dignité de la ville, au nom des lois, au nom de l'humanité même, contre la conduite de M. le général de Castellane et de M. le Préfet de notre département;

« Déclarons nous associer de toute la force de nos sympathies au sort de nos honorables concitoyens qui, par un renversement de tout principe de justice et de légalité, se trouvent en ce moment l'objet de poursuites correctionnelles, en raison du concours qu'ils ont prêté à M. le Maire; supplions enfin notre député de porter nos griefs à la tribune, afin que justice nous soit rendue, et que le blâme soit infligé à qui de droit. »

Perpignan, le 6 août 1846.

(Suivent les signatures.)

§ 2. — NOBLE ATTITUDE DU MAIRE PENDANT L'ÉMEUTE.

Il faut, dans ces circonstances critiques, louer l'attitude très digne du maire, le baron Guiraud de Saint-Marsal, qui, dans une lettre retentissante, démentait énergiquement les accusations que la *Presse*[1] avait portées contre lui, au sujet de son attitude dans cette échauffourée, et repoussait le reproche d'*être resté inactif* et de ne pas avoir été le *premier rendu à son poste*.

« Je ne m'abaisse point, écrivait-il au rédacteur de ce journal, à nier que *le maire se cachait*, calomnie absurde, puisque pendant ces deux jours, on l'a vu partout, mais le colonel Pons et tous les membres présents du Conseil municipal démentent un propos aussi inconsidéré. Après l'arrestation qui fut l'origine des troubles, effectuée par la police en ma présence, la générale se faisant entendre, je courus à la Préfecture pour dissuader d'un déploiement de force superflu et susceptible de causer de l'irritation. Heureux à mon retour à la Mairie d'y trouver plusieurs conseillers municipaux m'offrant leur concours pour dissiper un rassemblement formé d'individus inoffensifs, je me mis à leur tête. Nous avions l'espoir que nos efforts réussiraient, sinon à obtenir la complète évacuation de la place de la Loge, du moins à calmer l'effervescence.

« Ne voulant ni accuser, ni récriminer, je me borne à dire qu'aucun cri séditieux n'étant proféré, que n'éprouvant pas de la résistance et ne trouvant dans la foule que de l'inertie et non de la malveillance, il ne me parut pas nécessaire de faire des sommations.

« Les autorités supérieures en ont jugé autrement. J'ai respecté leurs actes et ne me permettrai aucune réflexion

1. Extrait de la *Presse*, 29 août 1846.

sur cette résolution. Il me suffit de bien établir que le maire ne s'est point effacé dans la Journée du 3, mais qu'il a cru inopportun et peut-être dangereux, surtout le 2, lorsque les joies du triomphe de M. Arago enivraient la foule, de recourir à la force. Il n'en a pas moins montré du dévouement en se jetant, sans gendarmes, sans agents de police, au milieu des rassemblements, et employant pour les dissiper la voie de la persuasion.

> « *Le maire de Perpignan*,
>
> « Baron GUIRAUD DE SAINT-MARSAL,
>
> « Anc. Colonel du génie. comm. de la Lég. d'Honn. »

La lettre énergique du maire, délégué du pouvoir central, mais avant tout l'élu de la cité, avait porté ses fruits. Un arrêté préfectoral en date du 1ᵉʳ septembre le suspendait de ses fonctions de maire. Un des adjoints, J. Mouchous, désigné pour le remplacer, avait non seulement décliné cet honneur, mais résigné ses fonctions.

§ 3. — APPRÉCIATION ET CRITIQUE DE L'ÉMEUTE MILITAIRE PAR LA PRESSE PARISIENNE[1].

Il est intéressant pour notre pays de dire, même après trois quarts de siècle, que tous les journaux de Paris ou de la province étaient unanimes pour flétrir l'acte blâmable et séditieux du général et du préfet qui voulaient terroriser la ville. Je citerai le journal de Paris, *La Réforme*, qui stigmatise ce geste odieux : « A Perpignan, écrit le rédacteur, la dictature marche encore mieux qu'à Toulouse ; elle est représentée par un... homme qui,

---

1. Extraits des journaux : *La Réforme, La Quotidienne, L'Esprit Public.* Les journaux de Paris s'étaient élevés avec force contre les actes de dictature qui « avaient mis Perpignan à deux doigts de sa perte ».

depuis quinze ans, fatigue sa division par ses excentricités, ses folies, et qui compromet en des parades burlesques la dignité du commandement.

« Cette fois, le *grand* général Castellane a voulu changer de genre et passer de l'opéra comique à la tragédie.
Désireux de pousser au Parlement son gendre, M. de Contades, un véritable zéro de race, il avait lancé toutes les
administrations à fond de train, comme un de ses régiments, et depuis l'employé de la gabelle jusqu'au préfet,
toutes les trompettes officielles du Roussillon sonnaient
Contades ! Par contre, on insultait, on calomniait l'adversaire dont les dépouilles étaient convoitées par la
grande famille, et ce concert de fausses notes éclatait,
hurlait jusqu'à la fureur. Malheureusement, l'adversaire
s'appelait Arago, ce qui n'a pas permis au Roussillon
d'hésiter un instant entre la fatuité de naissance et l'illus-
tration du génie.

« Sur ce, M. de Castellane est tombé dans les fureurs
sauvages. Le cri de : *Vive Arago !* le fait pâmer de colère ;
il l'a proscrit comme un cri séditieux, comme un attentat à sa personne ; et du haut de son cheval, il jette des
ordres au commissaire de police qui va empoigner dans
les groupes les scélérats soupçonnés d'avoir fait entendre
le vivat de lèse-majesté Castellane. M. le Préfet, de son
côté, *supprime* les pouvoirs municipaux, condamne, brise
leur intervention paternelle, fait charger et lance des
troupes, comme s'il y avait péril pour les institutions,
pour la dynastie !... C'est de la démence administrative
au service d'une épilepsie d'orgueil.

« De grands malheurs pouvaient arriver en ces conflits ; car dans la ville ainsi foulée, les colères fermen-
taient. Mais à la voix de son député, Perpignan a laissé
passer les provocations ; et la tribune, où la plainte sera
portée, le vengera bientôt de toutes les tentatives inso-

lentes qui l'ont poursuivi dans son triomphe et ses joies légales.

« Toujours est-il que de pareils scandales sont odieux, et que si la France n'y songe, elle sera bientôt la proie de ces héros sinistres ou ridicules, de ces petits Césars de police et de garnison, qui déjà sur plusieurs points dominent les pouvoirs libres.

« Est-ce que le *juste milieu* voudrait nous donner pour dernier présent le gouvernement de la police et la dictature du corps de garde ? »

Le journal *La Quotidienne*, après avoir dit à son tour comment les allures de pacha qu'affectait sans cesse le général de Castellane avaient irrité la population perpignanaise, terminait ainsi le récit de ces terribles journées : « Est-ce là, nous le demandons, le Gouvernement représentatif ? Avant l'élection, le despotisme de la décentralisation administrative ; après l'élection, le sabre... »

Les critiques de la presse paraissaient fort justes ; elles s'élevaient surtout contre les chefs des forces militaires qui pouvaient mettre brutalement leur autorité au service de leurs rancunes, et qui paraissaient traiter les provinces, qu'ils étaient chargés de protéger, en provinces conquises, semant dans toutes ces populations des ferments de rancunes et de haines.

Voici l'appréciation et la critique de ce rédacteur impartial au sujet de l'élection d'Arago[1]. C'est un tableau fidèle des procédés électoraux de l'époque :

« Dans un pays où le Gouvernement s'applique à dissoudre les croyances morales, à corrompre les mœurs politiques, à énerver ou immobiliser les institutions, la force brutale doit tendre sans cesse à prendre un ascen-

---

1. Extrait du journal *L'Esprit Public*; l'article est intitulé : Progrès des tendances prétoriennes.

dant énorme dans la société. L'ordre moral étant compromis, il n'y a plus pour l'ordre matériel d'autre garantie que cette force. Le Pouvoir sent de plus en plus le besoin de l'invoquer et de s'appuyer exclusivement sur elle. Ces tendances se développent souterrainement encore dans la politique du *système*. Toutefois, des symptômes imprévus éclatent malgré lui dans certaines circonstances. C'est ce qui vient d'arriver à Perpignan, à propos de l'élection de M. Arago.

« Nous avons emprunté à un journal de la localité la relation de ces faits incroyables autant que déplorables. Le commandant de la division avait cru devoir opposer au candidat antiministériel un de ses proches parents. La population et le collège électoral n'avaient point partagé ces prédilections de famille. Les électeurs ont préféré la plus grande des illustrations politiques et scientifiques de leur contrée au gendre de M. de Castellane. Les habitants de la ville se sont réjouis de ce triomphe; ils étaient dans leur droit. Les rues ont retenti d'acclamations qui n'avaient rien d'illégal, car il est bien permis aux populations de manifester leurs sympathies pour les députés qui les représentent et que leurs concitoyens ont choisi.

« Malheureusemeut, ces manifestations populaires n'étaient pas de nature à être agréables au protecteur et parent du candidat évincé... Nous nous étonnons que M. de Castellane n'ait pas su se montrer plus homme d'esprit et accepter plus philosophiquement les conséquences de la lutte électorale qu'il avait engagée.

« Loin de là, il s'est dépité comme un enfant. Il a déclaré tout haut qu'il regardait ces acclamations comme une injure personnelle. C'était une faiblesse dont les inconvénients ne regardaient que lui. S'il s'était arrêté là, nous aurions souri et nous l'aurions plaint d'une susceptibilité peu compatible avec la liberté de nos mœurs en matière d'élection. Mais l'homme public a mis son pouvoir au service de ses colères privées; et pour venger son amour-propre offensé, il a troublé toute une ville, appelé ses soldats aux armes, braqué les canons; il a été en un mot sur le point d'engager une collision sanglante. Si ces faits sont exacts, les susceptibilités du général cessent d'être justiciables du ridicule et deviennent odieuses.

« Pourquoi cependant toutes ces menaces et cet étalage de baïonnettes? M. le lieutenant-général passait, et on avait osé crier en sa présence : « Vive Arago! » Un homme calme et raisonnable eût dédaigné ces piqûres d'épingles; et certes, l'agent du Gouvernement jaloux de la concorde et de la paix n'eût pas pour un si mince grief déployé toutes ses forces militaires. Depuis quand l'autorité est-elle remise aux mains d'officiers généraux pour en faire l'instrument de leurs petits ressentiments personnels? C'est là le désordre et le fait le plus grave que nous ayons depuis longtemps aperçu dans la conduite des chefs de l'armée. Une ville occupée militairement, les batteries de la citadelle prêtes à faire feu sur elle, tout l'appareil de la conquête contre quelques cris malsonnants, qui eût cru qu'après 1830, nous puissions être en butte à un pareil spectacle! Où en sommes-nous, s'il dépend ainsi du sang bouillant et de la vanité excessive d'un général de disposer de la force publique, non pour réprimer les délits publics, mais pour venger ses prétendues injures?

« Nous espérons que les faits viendront à la tribune, qu'ils y seront éclaircis et constatés. Dans ce cas, le Cabinet osera-t-il avouer les intempérances conquérantes de M. de Castellane? Alors il faudra convenir que nous vivons sous le plus absolu, sous le plus étrange des gouvernements... Alors il sera permis, sous le moindre prétexte, aux généraux de traiter nos cités aussi cavalièrement que

les soldats victorieux de l'Empire traitaient les villes sou-
mises de l'Autriche et de l'Espagne.

« Toutefois, ce n'est point là le rôle le plus considérable
de la question. Les excès d'un général emporté ne seraient
rien en eux-mêmes s'ils ne traduisaient pas l'esprit qui
s'infiltre dans les hauts grades de l'armée. Sous un gouvernement régulier et réellement constitutionnel de semblables actes ne seraient pas possibles. Un général n'oserait
pas mettre les forces dont il dispose au service de sa mauvaise humeur, s'il ne connaissait l'indulgence du Cabinet,
sa sympathie secrète pour l'emploi même inopportun de
la répression armée.

« Le prétorianisme nous envahit ; on l'a constitué dans
les fortifications de Paris ; on l'a exalté et récompensé
dans son expression la plus franche dans l'homme qui,
organe et représentant d'un gouvernement représentatif,
a pu impunément déclarer à son armée que *les institutions
civiles sont la perte des États*. Voici non seulement l'application de ces tendances, mais leurs abus qui se manifes-
tent. Il est dans l'esprit prétorien de se confondre volontiers
avec l'État et de regarder ses intérêts et ses passions comme
placés au niveau de ceux du gouvernement. Les exemples
en abondent dans l'histoire, et quand le prétorianisme
croit qu'un gouvernement a besoin de lui, il est bien près
de se regarder comme le gouvernement lui-même. C'est
ce qu'a fait M. de Castellane. Il a traité une blessure à
ses sentiments privés comme une révolte contre le pouvoir, et une plaisanterie peu généreuse comme un délit
passible de toute la sévérité militaire. C'est le patron d'un
candidat malheureux que quelques cris poursuivaient ;
M. de Castellane s'est empressé de faire de ces cris un
attentat contre son autorité et contre ses épaulettes. S'il
n'eût pas commandé la ville, tout se fût passé sans émotion. Mais le général n'a pas voulu permettre qu'on pût

rire du postulant électoral... Voilà ce qu'après une vérification des faits décidera la conduite du Ministère envers M. de Castellane. Quant à nous, nous croyons que désormais sa présence à Perpignan ne peut plus entraîner que des inconvénients et des dangers. »

§ 4. — APRÈS LA BATAILLE ET L'ÉLECTION TRIOMPHALE D'ARAGO. DEUX PARTIS EN PRÉSENCE : L'ADMINISTRATION ET LE PAYS.

Sous la haute pression exercée par les agents du pouvoir, il n'y avait eu en somme, dans tout le département, que 425 suffrages contre 511 restés fidèles à Arago. L'administration avait donc été battue à plate couture, et si l'on avait, à ce moment, appliqué au Roussillon le principe fondamental de nos institutions, c'est-à-dire le gouvernement des majorités, les ennemis d'Arago auraient dû plier bagage. Mais, de ce côté, il ne fallait point parler d'institutions; on s'en souciait peu; l'autorité était infaillible.

Cependant, il était juste et légitime d'exposer la situation des esprits, le bilan moral du pays au public qui accordait à Arago sa confiance, aux hommes sages, aux véritables conservateurs qui cherchaient de bonne foi à s'éclairer. La fièvre était passée, mais la guerre continuait : il y avait, en effet, scission manifeste entre le pays et l'administration qui le tourmentait. Deux partis étaient en présence, deux seuls : il s'agissait de savoir si l'on était citoyen d'un pays libre ou sujet d'un maître. Était-on, suivant la formule du moment, « indépendant ou servile, national ou partisan du ministère de l'étranger » ?

En Roussillon, plus que partout ailleurs, la question avait été nettement formulée. Deux bannières seules avaient été déployées, à Prades et à Céret, comme à Perpignan : le *servilisme* dans la main des agents du Pouvoir, et l'indépendance dans la personne des amis du savant appuyés des vœux unanimes des populations. De combien l'avait-on emporté? C'est incalculable, puisque le scrutin s'était pour ainsi dire effacé devant l'éclat des manifestations universelles.

En somme rien n'était changé dans la situation : la physionomie du pays restait la même, si ce n'est que bon nombre d'électeurs qui avaient voté par grâce pour les concurrents d'Arago, sous la condition qu'ils ne se représenteraient plus, avaient commencé à s'en excuser et passaient dans le camp de l'opposition avec armes et bagages. Il fallait y ajouter un nombre au moins égal d'adhérents au Pouvoir que les fureurs des prétendus conservateurs avaient fini par révolter. En voyant à quelle catastrophe pouvait conduire un système qui ne procédait que par la menace et la violence, ils avaient quitté cette barque aventureuse, de même qu'en 1827, 1828 et 1829, les amis les plus déclarés du Pouvoir d'alors, fatigués de représentations inutiles, avaient cherché le salut de la France dans les rangs de l'opposition.

Une tactique usée consistait à représenter l'opposition comme formée d'éléments hétérogènes et divisée par des intérêts divers. A ce moment, on la menaçait, on la classait en radicaux réformistes, droite, gauche, centre gauche, constitutionnel, royalistes purs, royalistes mixtes, etc.

En somme, tous ces mots ne signifiaient rien, ne représentaient rien et ne servaient qu'à jeter la suspicion dans tous les esprits. Ce que voulaient les partisans d'Arago, c'est que tous les hommes de cœur, faisant trêve à toute autre discussion, pussent se réunir dans toute la France pour former cette grande ligue du Bien public.

Si l'on voulait se rendre compte du résultat des élections, on pouvait aisément constater que la majorité
était définitivement acquise dans le Roussillon à la cause
de l'indépendance. Le sentiment de la population n'était
point resté douteux : il suffisait de se rappeler le spectacle
imposant de la soirée du 2 août, les fêtes de la veille et
celles du lendemain. Et l'on pouvait prévoir que lorsque
la réforme, si vivement sollicitée, serait admise, les suffrages indépendants se trouveraient, dans le Roussillon,
au nombre de quatre-vingt-dix-neuf sur cent.

Sans descendre dans le secret des consciences, lorsqu'on voit deux hommes se diriger en sens contraire, il
est bien permis d'examiner quel est pour chacun le motif de sa détermination. A côté de l'électeur qui use de
son privilège dans un but personnel, placez celui qui en
fait abstraction complète, se rit des menaces, dédaigne
les promesses et vote pour la France au lieu de voter
pour lui-même : d'un côté, c'est le désintéressement ; de
l'autre, c'est le calcul.

Que l'on prête l'oreille aux déclamations de nos hommes de paix, des ministres et des juges de l'époque : quiconque ne chantait pas *the triumph of Guizot* ; quiconque
ne s'inclinait pas devant la politique qui consistait à livrer à ses ennemis la France énervée, était un anar-
chiste, un brouillon qui demandait la ruine du pays.
Si l'on demandait une réforme dans la composition du
Parlement ou dans la répartition des impôts, c'était provoquer le bouleversement des propriétés, le partage des
biens. Le Pouvoir affectait de n'avoir contre lui que les
gens qui, ne possédant rien, n'avaient rien à perdre.

Si l'on se base sur des chiffres, on peut constater que
les deux cent mille censitaires — qui payaient en
moyenne un peu plus de 400 francs de contributions —
ne représentaient à cette fraction du budget que 80 mil-

lions environ sur 5oo, c'est-à-dire environ un sixième. Les cinq autres sixièmes, opposés au système du monopole, étaient des antiministériels.

Dans le Roussillon, comme partout du reste, l'observation était juste. En effet, nos mille soixante électeurs ne payaient pas 5oo.ooo francs de contributions, alors que chaque année le département déboursait 17 ou 1.8oo.ooo francs. Où donc était la fortune? Il faut la trouver dans les masses, éparpillée, divisée entre le grand nombre de petits propriétaires, de petits négociants, d'artisans aussi attachés au sol et à l'atelier que les grands seigneurs de l'époque qui les écrasaient de leur supériorité. On peut se rendre aisément compte que l'opposition possédait à peu près tout, et qu'elle avait bien raison de s'effrayer de l'avenir de la France, compromis par les incartades des agents du Pouvoir.

Il est inutile, pour ces élections, de parler des préfectures, des sous-préfectures, des hautes fonctions ou des hautes dignités dévolues aux fidèles de la politique compromise. Mais partout où s'était introduit le système électif, si mutilé soit-il, la nation devait réagir contre cette politique; les municipalités en étaient une preuve. A Perpignan, l'autorité centrale était intervenue dans les dernières élections. Qu'y avait-elle gagné? Une défaite de plus dont elle s'était vengée, il est vrai, en menaçant du geste et même du sabre les représentants de la ville.

Il était aisé de prévoir auquel des deux partis la victoire devait rester.

CHAPITRE QUATRIÈME

Après quinze jours d'attente, Arago venait de trouver l'occasion de venger ses compatriotes des longs outrages qu'ils avaient dû subir pour être restés fidèles à leurs opinions. On verra, par le beau discours d'Arago, quelle impartialité et quelle générosité il apporta dans ses paroles, et, d'autre part, on constatera la réplique évasive ou tout au moins inexacte du Ministre de l'Intérieur[1].

Arago avait commencé par soulever une question constitutionnelle du plus haut intérêt. Dans le but de prévenir l'intervention militaire, la loi électorale interdisait aux lieutenants-généraux de solliciter la députation des localités où ils ont autorité. Or, n'était-il pas logique que l'exclusion s'étendît aux fils et gendres du lieutenant-général ? Autrement l'intervention que la loi avait voulu proscrire pouvait se reproduire pour le fils comme pour le père, et le but était manqué. Dans l'espèce, l'argument était sans réplique puisque, pour cette seule cause, les rues de Perpignan avaient failli être ensanglantées.

Malgré les murmures des centres qui étaient manifestement hostiles à une série de révélations compromettantes pour le *Système*, l'illustre orateur retraçait énergiquement tous les détails, tantôt burlesques, plus souvent odieux,

1. Duchâtel.

de cette fameuse campagne que tous les Roussillonnais avaient connue : la prise d'armes la veille des élections, la reprise du lendemain et du surlendemain ; les trois assauts donnés à la ville ; puis les sommations faites sur un seul point pour qu'on fasse feu partout ; puis les charges de cavalerie ; et enfin le complot de trois jeunes femmes qui méditaient, sur le seuil de leur porte, d'enlever la division d'artillerie.

L'hilarité de la Chambre avait été provoquée par les proclamations du général Castellane ; mais on ne riait plus quand l'orateur a rappelé les paroles du général : « *A la première pierre, faites feu!* » car on touchait à l'abîme ; car on frémit en pensant que le sort d'une ville dépendait d'une pierre lancée par une main égarée, ou d'un mot, d'un geste, mal interprétés par un homme en délire.

La conduite des autorités avait été sévèrement qualifiée : Arago ne leur avait laissé aucune excuse en rappelant la protestation signée par quinze membres du Conseil municipal et par un grand nombre de concitoyens ; si, enfin, il restait quelques doutes sur la manière d'envisager l'émeute qui avait eu lieu, ces doutes devaient s'évanouir à la lecture de la lettre du maire qui avait jugé, dans sa haute sagesse, dangereux le déploiement de forces et les sommations inutiles ; car le baron Guiraud n'était pas suspect d'opposition, lui qui, en sa qualité de maire, n'avait pas cru pouvoir refuser son vote au candidat de l'Administration.

Nous allons, à trois quarts de siècle de distance, rappeler la physionomie de cette Chambre, où le Ministre de l'Intérieur Duchâtel fut mis à mal par Arago, qui, dans un discours plein de logique et de bon sens, critiqua durement l'équipée ridicule et dangereuse du général de Castellane.

« M. Arago[1]. — Messieurs, à l'occasion du débat qui
s'est élevé dans le sein de la Chambre sur la vérification
des pouvoirs, j'avais eu aussi le projet de parler de la réforme électorale, mais j'y renonce; cette discussion, je
viens de m'en apercevoir, ne peut être du goût de la
Chambre qui désire arriver promptement au vote de
l'adresse. Je réduirai donc ce que j'avais eu l'intention de
dire à un simple incident qui, à mon avis, a été présenté
dans les journaux ministériels sous un jour entièrement
faux. Je n'accuse pas le Ministère; je suis certain qu'il a
reçu des renseignements erronés; mais enfin, s'il a été
trompé, il ne peut pas être dans ses intentions qu'une
population tranquille, soumise aux lois, reste sous le
coup d'une accusation d'émeute.

« M. Parès. — Je demande la parole.

« M. Arago. — Il est bien entendu que je ne parle que
de ce qui s'est passé dans le 1ᵉʳ Collège électoral du
département des Pyrénées-Orientales. Je n'ai rien à dire
de ce qui a pu arriver dans les 2ᵉ et 3ᵉ Collèges; je ne
connais pas les faits; on dit qu'il y a eu des actes coupables; je les blâme de toutes mes forces. Des électeurs
m'avaient transmis, sur la manière dont les élections ont
été faites dans ces derniers Collèges, des renseignements
que je n'ai pas communiqués à la Chambre, parce que je
n'ai pas voulu avoir l'air de chercher les circonstances
atténuantes, quand il s'agissait, disait-on, d'actes de rébellion. Personne plus que moi ne déplore qu'un député
n'ait pu circuler dans l'arrondissement des Pyrénées-
Orientales qui l'a élu, qu'entouré de gendarmes, d'un dé-
tachement de chasseurs à cheval, et en compagnie du
Procureur du roi; je ne trouverais pas d'expression assez
forte pour blâmer la conduite de ceux qui ont rendu de

telles mesures nécessaires ; je parle seulement du 1er Arrondissement, de ce qui s'est passé à Perpignan. J'en ai été plus ou moins témoin ; j'ai recueilli d'ailleurs les faits avec le plus grand soin. La Chambre peut être sûre que, si une enquête est ordonnée, il n'y aura rien à rectifier à ce que je vais avoir l'honneur de lui dire.

« Messieurs, lorsque l'autorité autorise la violation de la loi, non pas dans sa lettre, mais même seulement dans son esprit, elle sème du désordre. Eh bien, je dis que l'autorité a autorisé la violation de la loi électorale par le choix du candidat qu'elle a opposé au candidat de l'opposition à Perpignan.

« Voici un paragraphe de la loi électorale très simple et très clair :

« ... Les fonctionnaires ci-dessus désignés, les officiers-
« généraux commandant les divisions et subdivisions mi-
« litaires, les procureurs généraux près les Cours royales,
« les procureurs du roi, directeurs des Contributions di-
« rectes ou indirectes, de l'enregistrement, des douanes
« dans les départements, ne pourront être élus députés
« par le Collège électoral d'un arrondissement com-
« pris en tout ou partie dans le ressort de leurs fonc-
« tions. »

« Ce n'est pas un simple caprice qui a exclu les lieutenants-généraux de la candidature dans la division où ils commandent. La loi n'a pas voulu que l'autorité dont le lieutenant-général est investi, dans l'intérêt de tous, servît à sa candidature.

« Eh bien ! je demande s'il n'était pas implicitement compris dans cet article que le fils d'un lieutenant-général... (*Rires et exclamations au centre.*)

« J'avoue que mon intelligence ne va pas jusqu'à trouver ce que je viens de dire risible.

« Je soutiens que cette circonstance est ce qui a failli

ensanglanter la ville de Perpignan. Voyez, au reste, le journal[1] rédigé sous les inspirations du Gouvernement; il disait (je l'ai là) : Messieurs les électeurs, songez bien qu'en nommant (le nom viendra plusieurs fois) M. le marquis de Contades vous nommez son beau-père.

« Eh bien ! la loi ne veut pas qu'on nomme le beau-père. (*Nouvelle interruption au centre.*)

« Je n'insiste pas davantage; le beau-fils n'a pas été nommé, et les torts du beau-père resteront dans toute leur nudité.

« Je disais, Messieurs, — et c'est principalement pour attirer les yeux de la Chambre sur ce fait menaçant que je suis monté à la tribune, — que l'autorité militaire veut aujourd'hui s'immiscer dans les élections, qu'à Perpignan elle a agi avant, pendant et après le 2 août.

« Messieurs, vous savez qu'en Angleterre on éloigne tout soldat armé du lieu où les élections doivent se faire. On n'est pas si exigeant dans notre pays; mais, à Perpignan, n'a-t-on pas dépassé toutes les bornes? Écoutez et prononcez.

« Le lieutenant-général Castellane arrive à Perpignan quelques jours avant l'élection. Il était nuit close; on entend tout à coup battre la générale; au milieu de la nuit, les rues étroites de la ville sont sillonnées par l'artillerie, mèche allumée, par la cavalerie et deux ou trois régiments d'infanterie. Le maire a-t-il été prévenu? A-t-on demandé son autorisation? Nullement.

« Ayez la bonté de chercher dans votre esprit quel pouvait être l'objet de cette démonstration singulière faite en pleine nuit, quelques jours avant l'élection, et décidez si ce n'était pas d'intimider la population.

« Je me hâte de dire que ce moyen d'intimidation a été

1. *Le Journal des Pyrénées-Orientales.*

apprécié si défavorablement par mes compatriotes, qu'il m'a fait gagner des voix.

« Je vais aborder un point assez difficile de ma tâche : je serai obligé de parler de moi; vous tolérerez ce que mon sujet me forcera de dire, parce que j'établirai d'abord ma position avec une entière franchise. Vous vous rappellerez, d'ailleurs, que vous avez douté des explications de la même nature, lorsqu'un membre qui fait partie de la majorité, quand M. Déjean vous les donnait à cette même place.

« Je déclare, en toute sincérité, que mon élection était un événement fort indifférent; je reconnais de même que les manifestations flatteuses dont la population me comblait dépassaient de beaucoup ce que je pouvais mériter.

« Ce point bien établi de ma part, je pourrai parler sans réserve des *vivats* qui faillirent amener un conflit sanglant dans la ville.

« Dès que je fus nommé, mes partisans firent entendre trop souvent et trop vivement, je le reconnais, des *vivats* en ma faveur. M. le général Castellane s'en montrait offensé; il passe sur une place publique, il entend un cri de : *Vive Arago!* et immédiatement, pour se venger de ce qu'il appelle une injure, il ordonne, lui militaire, au commissaire de police, fonctionnaire civil, d'arrêter celui qui a crié et qui s'esquive. Bientôt la cavalerie arrive sur la place et la fait évacuer; un moment après, la générale bat et 4.000 hommes d'infanterie, de cavalerie et d'artillerie sillonnèrent la ville dans toutes les directions, parce qu'un jeune homme avait crié : *Vive Arago!*

« Le général Castellane s'est emparé de l'autorité municipale; le maire, il n'en est pas question.

« M. Garnier-Pagès. — On avait mis Perpignan en état de siège.

« M. Arago. — C'était pis. De nombreux et respectables

citoyens, préoccupés de ce qui pouvait résulter de ce déplacement de forces, coururent au domicile des conseillers municipaux et les supplièrent d'aller apporter au maire leur appui moral.

« M. le général Castellane, toujours en course comme dans une ville assiégée, revient sur la place de la Loge et rencontre un groupe de conseillers municipaux devant la porte de la mairie. L'un d'entre eux, M. le colonel Pons, était, je crois, de la société. M. le colonel Pons, ancien maire de Perpignan, est un vieux militaire de soixante-dix ans; il est connu par la noblesse de son caractère et la modération de ses opinions; il a versé son sang sur vingt champs de bataille. M. le colonel Pons émet des doutes sur le droit que s'arrogeait le général Castellane de faire arrêter ceux qui criaient : *Vive Arago!* Le général, transporté de colère, ordonne au commissaire de police d'arrêter le colonel pour son opinion malsonnante. (*Mouvements.*) Heureusement, on était à la porte de la mairie; des conseillers municipaux poussèrent l'honorable colonel dans la mairie, et la police ne réussit pas à mettre la main sur un vieux soldat aussi respectable et aussi respecté.

« Ici se déroule une autre phase : le maire arrive, on demande au général Castellane de faire cesser un déploiement de forces aussi considérable, qui devait amener un déplorable conflit; on lui promet que le groupe qu'il avait devant lui, groupe inoffensif et dans lequel on n'avait pas prononcé une parole inconvenante, on lui promet que le groupe se retirera.

« Mais les lauriers de M. de Castellane empêchent le préfet de dormir. M. le préfet Vaïsse arrive avec la force armée et, sans vouloir écouter aucune explication, il fait d'une voix retentissante les trois sommations.

« Le groupe, du sein duquel n'était pas partie une seule parole inconvenante, une injure pour personne, le groupe, qui ne s'était livré à aucune espèce de manifestation fâcheuse ou illégale, regarda la première sommation comme une plaisanterie et partit d'un éclat de rire; à la seconde, il conçut quelques craintes; à la troisième, il se retira, de manière que le guerroyant préfet se trouva en face du vide... Pardon, il était resté quelques citoyens sur la place; c'était le maire, en écharpe, environné, sur sa prière, de conseillers municipaux. Le préfet, hors de lui, ordonna de dissiper ce groupe par la force. (*Exclamations.*)

« Voulez-vous savoir maintenant de quelle manière certaines autorités militaires interprètent les lois civiles? La voici : M. le général Castellane avait assisté aux sommations faites par le préfet. M. le général Castellane, très au courant, peut-être, des manœuvres militaires (je ne prononce pas), mais peu habile, certainement, sur la signification des lois civiles, s'imagina que les sommations faites dans un lieu servaient pour tous les autres lieux; suivant lui, il suffirait d'une sommation faite, par exemple, à la barrière du Trône, pour qu'on pût disperser, sans avertissement préalable, un attroupement qui se serait formé à la barrière de l'Étoile. Il se mit donc à parcourir la ville; il alla de la place de la Loge à la porte des Tanneries, et là (il n'avait pour auditeurs, outre son état-major, que le portier du collège et un ingénieur qui fumait sa pipe à sa fenêtre), le généra. adressa aux soldats de garde cette allocution incroyable :

« Soldats, les sommations sont faites; désormais, vous « disperserez par la force tous les attroupements qui se « présenteront devant vous. »

« Voilà, Messieurs, comment les affaires étaient conduites à Perpignan, le surlendemain des élections. Faut-il ajouter le ridicule au sérieux? On a entendu sur une des places de la ville, dans la nuit du 3 août, le général Castellane criant au commandant des deux batteries d'artil-

lerie : « Commandant Brève, votre gauche n'est pas assez
« défendue; je vais y envoyer une compagnie de grena-
« diers. » (*Rire ironique à gauche.*) Et ces ordres retentis-
sants étaient donnés en présence de quelques femmes qui,
suivant l'usage du pays, respiraient l'air frais de la nuit
à la porte de leurs maisons.

« Vous avez entendu très souvent, Messieurs, avec un
sentiment de respect, parler de ces officiers français qui,
en face d'une émeute, d'une véritable émeute, n'en disaient pas moins : « Soldats, ceux que nous avons devant
« nous sont peut-être seulement des citoyens égarés; il
« y a d'ailleurs parmi eux beaucoup de curieux; ne vous
« hâtez pas d'agir; la patience est aussi une vertu de
« soldat. » A Perpignan, on a tenu un langage tout
opposé; à Perpignan, on a dit à des régiments entiers :
« A la première pierre, faites feu. » La population, aux
fenêtres, entendait ces paroles cruelles sortir, non de la
bouche d'un officier secondaire, mais de la bouche du
lieutenant-général commandant la division.

« C'est le sens droit, la haute raison; c'est le bon esprit
de la population perpignanaise qui ont empêché que la
ville ne fût ensanglantée, car les autorités paraissaient
désirer un conflit.

« Ibrahim-Pacha[1] était naguère à Perpignan. En par-
courant les jardins de cette ville, en voyant la végétation
vigoureuse de nos orangers, de nos palmiers, il disait :
« Je me crois aux bords du Nil. » Dans la journée du
3 août, s'il s'était promené dans les rues de Perpignan,
il aurait pu se croire à Constantinople, non pas à Constantinople de 1846, mais à Constantinople d'il y a un
siècle. (*Rumeurs négatives au centre.*)

[1]. Voir ma notice sur le séjour d'Ibrahim-Pacha en Roussillon.
— Imp. Barrière, 1923, *Figures célèbres de l'Hist. roussillonnaise*,
V° série, livre III, pp. 81-110.

« Ce que je viens de dire brièvement, la Chambre en sera saisie par une protestation des citoyens de Perpignan. Cette protestation, on l'a faite à la hâte, afin qu'elle arrivât en temps opportun; en trois jours, elle a été signée par sept cents citoyens notables; et parmi ces sept cents citoyens, on compte quatre-vingts électeurs et quinze conseillers municipaux.

« Si, en présence de ces faits, et de bien d'autres que je pourrais articuler, mais que je supprime pour ne pas fatiguer la Chambre, on trouve que le préfet et le lieutenant-général sont excusables, je dirai que le pays est désormais courbé sous le pouvoir militaire. » (*Dénégations au centre. — Approbations aux extrémités.*)

Après ce discours sensationnel d'Arago, le Ministre de l'Intérieur, Duchâtel, s'efforce de réfuter les faits rigoureusement exacts qu'Arago, dans un habile discours, avait exposés, en disant que, si à Perpignan il n'y a pas eu d'accidents graves, il n'en a pas été de même à Prades et à Céret, où Arago était également candidat. Les événements qui avaient eu lieu dans les autres arrondissements devaient, d'après le Ministre, se lier et s'enchaîner. L'autorité devait donc veiller à Perpignan, « avertie, suivant les propres paroles du Ministre, par ce qu'elle voyait autour d'elle, et sa prévoyance a été justifiée par les désordres qui se sont tristement accomplis dans le reste du département ».

La parole est, de nouveau, donnée à Arago.

« M. ARAGO. — Je n'ai pas attendu les explications que M. le Ministre de l'Intérieur vient de nous donner pour blâmer en termes très catégoriques les actes de rébellion[1] qui ont pu avoir lieu dans les arrondissements de Prades et de Céret. Je ne les connaissais pas...

1. Le Gouvernement avait, à dessein, exagéré les troubles qui avaient eu lieu dans les deux arrondissements.

« J'ai parlé de Perpignan; on a répondu Prades et Céret : je ne connais pas les désordres de Prades et Céret; je désire qu'ils ne soient pas aussi graves que M. le Ministre vient de le dire, et j'aurais quelque raison de le supposer; car dans le dossier de M. le Ministre, dans les publications officielles, on a parlé d'un fait arrivé sur un point de l'arrondissement de Perpignan, d'injures adressées par la population d'un village à un juge de paix, et, toute vérification faite, il s'est trouvé que c'était le juge de paix qui avait injurié la population. (*Murmures au centre.*)

« Messieurs, cela s'expliquera quand vous voudrez.

« J'ai entendu dans la bouche de M. le Ministre une phrase qui a excité une susceptibilité, et sur laquelle je prendrai la liberté de lui demander une explication. Il a dit que longtemps avant les élections, et peu de jours avant les élections, on avait agité, excité la population; je le prie de me dire, en toute sincérité, si une partie de cette phrase pourrait s'appliquer à moi.

« M. LE MINISTRE DE L'INTÉRIEUR. — Du tout! du tout!

« M. ARAGO. — J'espérais cette réponse, Monsieur le Ministre; je n'ai jamais fait entendre à mes compatriotes, dans toutes les parties du département, que des paroles loyales et de conciliation, que des paroles par lesquelles j'invitais toutes les parties de la population à obéir à la loi, et à y obéir silencieusement, à ne se livrer à aucun acte qui pût être incriminé. Voulez-vous que je vous prouve que c'est dans ce sens-là que j'ai toujours agi? Le 4 août, le général Castellane avait préparé un développement de forces plus considérable encore que tous ceux dont j'ai fait mention; des cartouches, de la mitraille avaient été distribuées à foison. Le Maire me fit demander si je ne pourrais pas, puisque le cri de *Vive Arago* était le prétexte — s'il n'était le motif de trouble — si je ne pourrais pas inviter la population à s'abstenir de ce *rival*. Quoique par cette démarche je parusse blâmer ceux qui avaient proféré ce cri la veille, je m'empressai de demander à mes concitoyens de s'abstenir de toute espèce de manifestation en ma faveur. Ma voix fut entendue, au grand déplaisir du général Castellane et de M. le Préfet. (*Murmures au centre.*)

« On vous a parlé de rassemblements menaçants dans Perpignan. Un article emprunté, disait une feuille ministérielle de Paris, au journal de la préfecture des Pyrénées-Orientales (article qui n'était pas dans le journal et qui avait été fabriqué ici), a forcé M. le Maire de Perpignan à donner une explication.

« M. le Maire de Perpignan est un conservateur décidé; il vote contre moi, et ne s'en cache pas. Il m'a même déclaré qu'en sa qualité de Maire, il n'avait pas le droit de ne pas donner sa voix au candidat de l'administration. » (*Rire général.*)

En terminant, Arago cite la lettre qui a été reproduite dans la *Presse*, et dans laquelle l'honorable Maire assurait que devant l'attitude calme des habitants, celui-ci n'avait pas cru devoir faire des sommations.

Arago, rappelant cette lettre, termine ainsi son discours :

« M. Arago. — C'est M. Guiraud de Saint-Marsal, ancien colonel du génie, qui écrit cela. Or M. le Maire de Perpignan devait être tout aussi bien informé que la personne qui a envoyé à M. le Ministre les renseignements inexacts dont je me plaignais tout à l'heure. » (*Aux voix! aux voix!*)

§ 2. — APPRÉCIATIONS DE LA PRESSE AU SUJET DU DISCOURS SENSATIONNEL D'ARAGO[1].

La manière dont les intérêts électoraux avaient été mis en jeu par les agents du pouvoir à ce moment avait été très spirituellement exposée à la Chambre par Arago lui-même, qui avait tracé l'histoire rapide des exploits du général Castellane au sujet des élections de Perpignan : l'excellent discours du vaillant député n'avait fait qu'infliger à ce *brave M. Castellane* la seule punition que méritaient ses excentricités : celles de la publicité et du ridicule. Voici ce qu'écrivait *Le National* à ce sujet : « Ce M. Castellane, qui commande là-bas, est le même que celui que nous avons vu, à la Chambre des pairs, essayer de répondre à M. de la Moscowa, et qui reçut à ce propos une leçon si sévère de toute la pairie bruyante et indignée. Cette leçon ne lui a guère servi, et le bulletin de la campagne qu'il a faite à Perpignan ne peut qu'ajouter à sa gloire. Nous n'avons pas le droit de lui demander les idées de son temps et de parler le langage de son pays ; mais quand on exerce une autorité quelconque, au moins faudrait-il connaître les lois les plus simples. Mais M. Castellane se persuade que lorsqu'on a fait une sommation sur un point, on a le droit de charger et de sabrer dans toute la ville ! Il s'imagine ensuite qu'il peut se précipiter sur un maire et ses conseillers municipaux et les faire arrêter à sa fantaisie !...

« ... Au lieu de répondre à M. Arago qui avait parlé de Perpignan, M. Duchâtel a chanté le poème des voyages

1. D'après les journaux de l'époque, *Le National*, *Le Siècle*, *La Réforme*, *L'Esprit public*, *Le Constitutionnel*, *L'Émancipation*, *La Quotidienne*, etc.

et des malheurs de M. Parès. Il a parlé avec indignation d'une femme qu'on a prise pour cet honorable déguisé, et il s'est révolté à bon droit contre une vérification injurieuse pour cette dame. Nous ne nous expliquons pas ce qui a pu se passer à cet égard, et toute violence envers une femme surtout est odieuse. Prendre une beauté quelconque pour M. Parès, ce n'est pas chose possible!... »

Les paroles « aussi convenables que fermes » d'Arago avaient été de la part du journal *Le Siècle*, très favorablement commentées. *Le Siècle*, tout en louant Arago de sa conduite si digne, si noble, critiquait sévèrement la conduite du général et la réponse très anodine du Ministre qui s'efforçait de le couvrir.

Voici ce qu'écrivait *Le Siècle* :

« M. Arago a communiqué à la Chambre les détails qu'il avait promis sur les élections de Perpignan. La loi défend à un commandant militaire de se présenter comme candidat dans le ressort de sa division. Le motif de cette interdiction est manifeste : C'est que la loi réprouve le genre d'influence qu'un tel personnage pourrait exercer à son profit, à la faveur de l'autorité dont il est revêtu. Mais l'esprit de la législation n'est-il pas violé si le lieutenant-général qui commande un département, met cette influence au service de son fils ou de son gendre? Or, c'est ce que M. le comte de Castellane a fait à Perpignan pour M. de Contades, concurrent de M. Arago. Artillerie, infanterie, cavalerie, tout s'est ébranlé à la voix de M. le général de Castellane, pour prêter main-forte à cette candidature de famille. Au milieu de la nuit, trois jours avant l'élection, 5.000 hommes parcouraient les rues comme à la veille d'un assaut; et le lendemain, la ville était mise en état de siège pour punir quelques *vivats* inoffensifs qui avaient accueilli le triomphe de M. Arago. Celui qui semblait vouloir prendre le scrutin entre deux feux, proclama le régime martial dans toute sa rigueur, paralysa l'action des autorités civiles et s'empara de tous les pouvoirs... M. Duchâtel est monté à la tribune pour parler et non pour répondre. On lui demande des explications sur Perpignan, et il a discouru longtemps sur celles de Prades et de Céret. Ramené à la question par les interpellations réitérées de plusieurs membres, il a exposé à la Chambre un tableau de fantaisie, présentant une effrayante image des chimériques émeutes qui auraient troublé incognito la ville de Perpignan. Les paroles du Ministre faisaient tressaillir les centres : ils frémissaient d'épouvante à la pensée des dangers que le Midi de la France avait courus sans le savoir. Ils allaient décerner une couronne à M. le comte de Castellane « pour avoir fait régner l'ordre « à Perpignan » et suivre M. Duchâtel au Capitole, afin de rendre grâces aux dieux; mais M. Arago a dissipé cette fantasmagorie d'intimidation en lisant une lettre écrite par le Maire de la ville[1]...

« Les bataillons du centre, en criant : « Aux voix! » ont épargné au Ministre l'embarras de concilier ce rapport de l'autorité municipale avec les exagérations de l'épopée qu'il venait de débiter à la tribune... Les interruptions anonymes, les clameurs collectives n'ont rien de bien héroïque, comme l'a rappelé l'honorable M. Arago. »

La Réforme faisait également l'éloge de l'honorable député qui avait rempli son devoir avec fermeté : il avait fallu à Arago le courage que donne aux esprits élevés le sentiment impérieux du devoir : Arago avait, à bon droit, accusé l'Administration d'avoir fait tout ce qui

1. C'est la lettre reproduite plus haut.

dépendait d'elle pour provoquer des désordres, en montrant d'autre part avec quelle sagesse et avec quelle prudence la population avait agi.

Le Ministre, altérant la vérité, n'avait parlé que de Prades et de Céret, comme si l'émotion de la population, aux extrémités du département, excusait les odieuses violences de l'Administration au chef-lieu! Les paroles fermes et dignes d'Arago avaient fait justice des allégations du Ministre.

L'Esprit public[1] stigmatisa les procédés étranges employés par le Pouvoir pour empêcher, écrit-il, « le triomphe d'un des hommes les plus éminents que possède la France. » Pour justifier tous ces faits, le Ministre « brillant improvisateur », avait déclaré qu'à Prades et à Céret, on avait voulu faire un mauvais parti au candidat ministériel. « N'est-ce pas assez, écrit le rédacteur du journal, pour expliquer, là où était M. Arago, ce déploiement de forces, ces ordres rigoureux? Non, certes, car l'obscurité de M. de Contades n'avait pas à redouter les mêmes colères que la célébrité pritchardiste de M. Parès. Cependant, nous le reconnaissons volontiers, ce sont là des faits graves, affligeants, mais ce n'est pas avec des baïonnettes que vous les comprimerez. Ils sont la manifestation de sentiments que vous méconnaissez, que vous insultez chaque jour. Donnez-leur une expression légale, pacifique, la violence disparaîtra. »

L'Émancipation, en quelques lignes, rappelle le beau rôle qu'a joué Arago, faisant l'historique, à la Chambre, de la campagne électorale de son pays; montrant le général s'emparant de la ville, chargeant dans les rues, le Préfet « autorisant ces énormités de sa présence et de

---

1. Le rédacteur en chef était Charles de Lesseps, député du Lot-et-Garonne.

ses incitations » ; le Maire méconnu, le Conseil municipal insulté.

« O misères, conclut le reporter, nous ne savons, en vérité, comment ces hommes ne sont pas honteux du rôle qu'ils jouent et font jouer à leur majorité. »

La Quotidienne démontre surtout avec quel esprit Arago a raconté l'épopée du « pacha Castellane » dont on connaissait les excentricités et les colères, qui ne seraient que ridicules si elles n'étaient pas compromettantes pour l'ordre public. En terminant, l'auteur de l'article dit : « M. Arago a repoussé énergiquement toute solidarité avec les fauteurs des troubles qui ont éclaté dans le deuxième et le troisième arrondissement. M. Duchâtel a présenté de longs détails très passionnés au sujet de cette rébellion. On lui disait : *Perpignan ;* il répondait : *Prades* et *Céret.* Cet homme-là est toujours le même. Il ne nie pas ; il ne combat pas ; il récrimine. »

Le Constitutionnel bafouait le Ministre qui prétendait ne pas connaître les événements de Perpignan et ne pouvait croire qu'ils se soient passés ainsi qu'Arago l'avait rapporté. « Si les conservateurs, conclut le reporter, ne s'étaient pas contentés de cette réponse, ils auraient été, en vérité, bien difficiles. Aussi se sont-ils empressés de crier : « Aux voix ! » et de voter l'adresse en bloc. »

CHAPITRE CINQUIÈME

Le Conseil général de la Seine avait choisi pour président Arago. Ce choix, dans les circonstances si difficiles de l'époque et après les troubles qui avaient eu lieu à Perpignan, était principalement pour cette ville d'une haute signification. Le pays entier applaudissait à cette nomination, parce qu'il y voyait une leçon donnée à une administration incapable et inintelligente, qui aimait mieux laisser s'accumuler sur nous les désastres de toute nature que de demander à la science les moyens de les prévenir, lorsque les maîtres de la science se permettaient de n'être pas de son avis en politique.

Voici ce qu'écrivait un journal[1] à propos de cette nomination :

« Trente-neuf membres sur quarante étaient présents. On savait qu'une grande lutte aurait lieu pour la présidence. Grâce à une suite de maladresses administratives et à l'opposition, en quelque sorte personnelle, dirigée par les conservateurs contre M. Arago, on avait fait de cette élection une affaire politique, et c'est l'opposition qui l'a emporté. »

Les partisans nombreux et dévoués d'Arago s'étaient associés de tout cœur à ce nouveau triomphe du député des Pyrénées-Orientales et avaient prié les deux adver-

1. *La Gazette de France.*

saires acharnés, le préfet et le général, « de recevoir avec
le calme de la résignation, écrivaient-ils, la leçon qui leur
est donnée par les Conseillers généraux de la Seine ».
Les Roussillonnais se trouvaient ainsi fièrement vengés
des plates équipées militaires et des *gracieusetés* de bureau de l'esprit préfectoral.

En définitive, le département tout entier avait été heureux d'apprendre que le député cher aux Roussillonnais,
si maltraité dans son propre pays par les organes du
Pouvoir, venait d'être réélu par le sixième collège de Paris, membre du Conseil général de la Seine, à l'immense
majorité de 1.002 voix sur 1.247. Il n'avait manqué à
Arago que 245 suffrages : tel était le contingent de l'Administration dans son propre centre, au sein même de
Paris. C'était bien significatif. En effet, de tous les candidats ministériels, celui qui, dans les autres collèges, avait
obtenu le plus de voix, n'avait atteint que le chiffre de
821. Arago avait donc dépassé de beaucoup tous ses concurrents : il devait ce nouveau triomphe autant à ses
principes politiques qu'à son beau caractère. Les adversaires d'Arago n'avaient rien à répliquer à ceci : ses
compatriotes, en s'unissant à lui, avaient voté pour l'opposition contre le ministère.

En vain avait-on essayé d'attribuer au savant les adhé-
sions données à l'homme politique. L'illustre député
n'avait pas laissé cette ressource à ses détracteurs ; car,
dans une réunion préparatoire des électeurs, loin de cacher son drapeau, il l'avait étalé et élevé bien haut, en
flétrissant l'acte barbare du souverain du Nord qui venait
d'exécuter comme une victime la petite république de
Cracovie.

Nous n'étions pas, nous autres Roussillonnais, les seuls
à venger notre compatriote d'absurdes outrages. Si notre
pays était fier de le compter au nombre de ses enfants,

Paris[1], la capitale du monde civilisé, ne s'honorait pas moins de l'avoir adopté. Mille suffrages à Paris sur 1.250! Dans notre département, 500 sur 950! c'est-à-dire un peu plus de la moitié. Que saisit-on dans ce rapprochement? Il est facile de conclure que l'action du Pouvoir était plus forte dans les petites localités que dans les grands centres; que l'indépendance y est moindre; que les intérêts généraux y pèsent moins dans la balance; que l'union est nécessaire dans la résistance et que nous n'arriverons jamais à reconquérir nos libertés entamées si nous ne marchons en colonne serrée contre les hommes qui en confisquent les débris.

§ 2. — Discours d'Arago aux électeurs.

(*Fragments*[2].)

« Peut-être quelques-uns d'entre vous se sont-ils imaginé que j'avais changé. Hélas! je n'ai changé qu'en ce sens que j'ai vieilli; mais mon cœur est resté le même, invariable, toujours dévoué aux intérêts de la patrie et à sa gloire, que je ne séparerai jamais. (*Bravos.*)

« On a paru croire, à propos de la dernière réunion, que ma nuance était moins prononcée que par le passé. Je nie le fait et la qualification; je ne suis pas une nuance, je suis une couleur. Dans la dernière réunion, j'ai été questionné sur un candidat (*le nom de M. Husson circule dans l'assemblée*). Je venais de recevoir un témoignage qui m'avait flatté, non à cause de moi, mais parce qu'il rejaillissait sur le parti démocratique dont j'étais le repré-

---

1. Arago avait été (juin 1847) nommé rapporteur de la Commission chargée de l'examen du projet de loi tendant à autoriser la ville de Paris à contracter un emprunt de 25 millions.

2. D'après les journaux de l'époque.

sentant dans le Conseil. J'avais réuni vingt voix. Le candidat en question m'assura qu'il avait voté pour moi ; je lui promis de ne rien articuler contre lui, et je me croirais indigne de vos suffrages si je ne gardais pas ma parole. Voilà l'explication de ma conduite dans la dernière réunion.

« Messieurs, *Le Constitutionnel* s'est emparé de quelques paroles que j'ai prononcées après ma nomination de président du Conseil général. On a prétendu voir dans ces paroles mon sentiment politique. D'abord, je proteste contre l'usage qu'on a voulu faire de quelques paroles de remerciements. Je venais d'être nommé dans un corps dans lequel peu de personnes partagent mes opinions. Je ne sais pas si nous y sommes trois..., nous y sommes deux... probablement... (*On rit.*) Je venais d'être nommé par 20 voix. Je dis aux membres qui m'avaient accordé leurs suffrages qu'ils avaient laissé leur drapeau à la porte de l'Hôtel-de-Ville. En disant cela, j'avais articulé un fait banal ; c'était ce qu'en géométrie on appelle un axiome. Eh bien ! que fait-on ? On s'empare de cette parole qui n'a pas d'autre sens que celui que je viens d'indiquer, pour dire qu'il ne faut pas avoir égard à la politique dans les nominations des membres du Conseil.

« Je vais vous faire voir qu'il faut, au contraire, y avoir un très grand égard. *Le Constitutionnel*, qui ne m'ouvre pas ordinairement ses colonnes, me les a ouvertes en cette occasion ; dans quel dessein ? Vous le devinez... (*On rit.*) Je disais dans ce discours : Nous sommes ici les hommes de la ville ; nous nous occupons de ses intérêts généraux sans songer au drapeau que nous portons, cela est vrai, car il est difficile de mettre de la politique dans un trottoir, dans l'alignement d'une rue ; en général, on ne songe pas à la politique, mais il y a des cas dans lesquels on y songe beaucoup ; j'ai vu même des cas dans lesquels elle a influé d'une manière fâcheuse sur nos délibérations. Je vais vous en citer un exemple qui est bon à retenir.

« Nous avons, au Pont-Neuf, une force de 6,000 chevaux ; je pensais que la ville avait tort de ne pas s'en servir ; je voulais, moi, qu'on se servît de cette force pour élever l'eau dans tous les quartiers de Paris... On dit qu'il y en a de trop ; moi, je trouve qu'il n'y en a pas assez ; aussi croyais-je avoir proposé une chose utile. L'affaire me paraissait d'une évidence complète ; mais j'ai perdu une voix dans le Conseil. J'ai donc des adversaires politiques qui trouvent ce projet bon, utile ; mais j'en ai aussi qui n'étaient nullement disposés à faire honneur de ce travail au parti démocratique. Je suis sûr qu'il y a eu des personnes qui n'en voulaient pas, parce que cela venait de moi... Ce que je dis là n'est pas conjecture... Je pourrais citer des noms propres ; un conseiller l'a dit à un de mes collègues à l'Académie : « Ah ! ma foi, lui « a-t-il dit, que voulez-vous, cela venait d'un membre « du parti radical ; j'ai voté contre. » (*Sensation prolongée.*)

« Voilà un cas dans lequel on ne peut pas dire que la politique ne soit pas intervenue. Dans la Révolution, on a parlé beaucoup de violence : il y a un proverbe qui dit qu'il n'y a rien de plus violent que les moutons enragés (*Hilarité*) ; eh bien ! non, je dis que nous sommes beaucoup moins violents que nos adversaires. (*C'est vrai, c'est vrai !*)

« Vous voyez qu'il faut avoir égard à la politique. Eh, mon Dieu, je m'en rapporterai au besoin au *Journal des Débats*. Voyez-le ; il a ouvert la brèche ; il a dit dans un *Premier-Paris*, qu'il fallait faire les nominations au point de vue politique. Songez que ce journal a l'oreille de l'autorité ; enfin il le dit. Après cela, je sais bien que ce qu'il dit, il faut qu'il le dise ; il est payé pour cela. (*Hilarité prolongée.*)

« Une preuve encore que la politique intervient dans les affaires du Conseil. Nous avons eu à voter un crédit pour le mariage du duc d'Orléans. Le Conseil vota une somme énorme : on vota d'un coup *1.100.000 francs!* Moi aussi, courtisan intelligent, je voulus fêter ce mariage, mais voici comment : Je demandai qu'on fît un lavoir public, et qu'on fondât un collège dans cet arrondissement si éloigné des collèges. Cette proposition fut repoussée, et cela n'aurait peut-être pas eu lieu si Paris eût nommé un plus grand nombre de membres de l'opposition dans le Conseil...

« Je reviens sur le mot de drapeau laissé à la porte, que je regrette, parce qu'on l'a mal interprété. Comment aurais-je pu dire qu'il fallait cacher son drapeau juste au moment où il est le plus nécessaire de l'arborer! Mais si on le cachait, comment résisterait-on à ces Souverains qui viennent de commettre un acte infâme? (*Applaudissements.*) Ah! si nous cachions notre drapeau, nous n'aurions plus de force pour résister, et cette barbarie serait suivie d'autres actes de même nature; c'est dans de pareilles circonstances qu'on mettrait son drapeau dans sa poche! Personne ne pourra m'attribuer de pareilles pensées. L'empereur d'Autriche a pu oublier que les Turcs avaient fait une brèche à sa ville et que Sobieski les en a chassés; mais nous n'oublierons jamais que les banderoles polonaises ont été mêlées, sur les champs de bataille, au drapeau français, et que leur sang a coulé avec celui de nos soldats. (*Vifs applaudissements.*)

« Il n'est permis de mettre son drapeau dans sa poche que lorsqu'il s'agit de trottoirs et d'élargissement de rues... » (*Hilarité.*)

TROISIÈME PARTIE

ARAGO ET LA RÉVOLUTION DE 1848 (1848-1850).

CHAPITRE PREMIER.

§ 1. — La situation politique de la France après les élections. — La question de la Réforme en France.

La France et l'Angleterre s'étaient brouillées à propos de l'Espagne. Deux influences contraires y étaient en lutte, et l'on sait si les insulaires transigeaient sur leurs intérêts. Le Portugal était à peine remis d'une secousse qui pouvait se reproduire d'un moment à l'autre. A Genève, une petite révolution venait de s'accomplir. A Fribourg, on venait de se battre, et la mèche fumait encore. La Suisse traversait une période de dissensions intestines avant d'atteindre à l'unité qui seule devait constituer cette petite nationalité. L'Autriche y intervenait sourdement, toute prête à lancer des bataillons si sa révolution démocratique venait à triompher. Ce n'était guère, comme le disait le roi, à l'ouverture de la session, un gage de paix : « Mes relations, disait Louis-Philippe, dans son discours, avec toutes les puissances étrangères me donnent la ferme conviction que la paix du monde est assurée. »

En Autriche, un événement inattendu avait altéré « l'état de choses fondé en Europe par le dernier traité de Vienne ». La République de Cracovie, État indépendant et neutre, avait été incorporée à l'empire d'Autriche[1].

L'Italie s'agitait et s'éveillait à une lueur de liberté qu'elle prenait pour une aurore nouvelle. Ici encore on sentait la main de l'Autriche ; et qui pouvait, à ce moment, répondre que sous peu n'éclaterait pas, depuis Milan jusqu'à Venise, une nouvelle tentative d'affranchissement ?

Par l'incorporation, plus ou moins déguisée, de Varsovie dans ses États, le Czar prenait position au centre même de l'Europe. Ce n'était plus le Niémen, ce n'était plus la Vistule qui servait de limites ; les Cosaques allaient camper sur les rives de l'Oder. Aussi les esprits anxieux de l'Allemagne commençaient-ils à s'effrayer sérieusement du contact presque immédiat de la politique du knout. Et les provinces rhénanes, qui n'avaient pas cessé d'être françaises de cœur et d'âme, tournaient-elles à ce moment leurs yeux vers la France, qui était pour elles la terre de la liberté.

Le roi de Prusse marchandait une Constitution à son peuple, qui devait finir par se l'octroyer lui-même devant la persistance d'un refus. La Prusse en était encore aux humbles remontrances. Quant à Metternich, il répondait à Guizot que « les puissances du Nord, en anéantissant la Pologne par un simple acte de leur volonté », n'avaient fait qu'user d'un droit consacré par les traités de 1815. En d'autres termes, les rois absolus n'avaient contracté aucun engagement, tandis que la France avait subi la honte et le fardeau des siens. Du reste, Metternich ajoutait très clairement qu'il n'avait « aucun égard à la protestation ».

1. Le roi avait protesté contre cette infraction aux traités.

C'en était donc fait du prétendu droit public européen. En résumé, on s'observait de toutes parts dans une
anxiété pénible ; chacun tressaillait au pressentiment
d'événements graves et prochains. Les situations étaient
fausses ; les notes des chancelleries s'aigrissaient ; une
solution était inévitable.

Que faisait la France au milieu de ce chaos? Sans confiance dans le patriotisme de la nation et dans les sympathies des peuples, nos hommes d'État mendiaient des
protecteurs à l'étranger : l'un cherchait un point pour
repasser la Manche ; l'autre proposait une alliance mos-
covite. « Serons-nous *Anglais?* Serons-nous *Russes?* »
disait-on sarcastiquement?

Telles étaient les grandes questions qui divisaient nos
représentants : le centre, la gauche, le centre-gauche, les
Constitutionnels, les dynastiques, les partis, les fractions
de partis, les hommes sans principes et surtout les ambitieux.

§ 2. — NOUVEAU TRIOMPHE D'ARAGO.
ARAGO NOMMÉ PRÉSIDENT DU CONSEIL GÉNÉRAL DE PARIS.

L'ouverture du Conseil général de la Seine avait eu
lieu le 2 novembre 1847. Le Ministère désirait vivement
l'élection à la présidence de Besson, pair de France, que
le Cabinet investissait invariablement de la présidence
du Conseil municipal de Paris.

Malgré les démarches et les prières du Ministère, Arago
avait été nommé Président du Conseil général. Dès le
premier tour de scrutin, sur 39 votants, Arago avait
réuni 22 suffrages ; son concurrent Besson n'avait eu que
14 voix ; 3 voix avaient été perdues.

Pour combattre la candidature d'Arago, on était allé
jusqu'à compulser les registres de la Préfecture et on avait

fait remarquer que jamais un membre du Conseil n'avait
été nommé président deux fois de suite. Cette manœu-
vre n'avait fait que tourner à la confusion de ceux qui
l'avaient employée, en rendant plus éclatant le triomphe
d'Arago.

§ 3. — La question de la Réforme électorale et parle-mentaire. — Troubles en France.

Le Gouvernement de Juillet persistait à laisser à l'opposition deux griefs considérables. En n'appelant à nommer
les députés, que les électeurs inscrits aux rôles des contributions directes jusqu'à la somme de 200 francs, il
violait le principe de l'égalité. C'était à ce système que
s'attaquaient les demandes de *réforme électorale.*

La composition de la Chambre des députés, remplie en
grande partie de fonctionnaires, rendait plus trompeuse
encore cette partielle représentation du pays. On réclamait également la *réforme parlementaire.* Elles furent
toutes deux repoussées par la Chambre. L'opposition,
qui n'espérait rien des députés, agitait le pays. Les manifestations réformistes avaient commencé ; elles ne devaient pas tarder à se multiplier ; les cris nombreux
de *Vive la Réforme!* furent le prétexte de troubles san-
glants.

Les barricades allaient se relever ; cette fois les fau-
bourgs étaient résolus à renverser le Gouvernement. En
effet, les barricades se rapprochaient des Tuileries : le roi
abdiquait, et la Chambre était envahie avant qu'elle pût
rien obtenir. La foule, au milieu d'un trouble indescrip-
tible, nommait un gouvernement provisoire qui proclamait la République.

§ 4. — LA RÉVOLUTION DE 1848 (25 FÉVRIER).
ARAGO MINISTRE DE LA MARINE DU GOUVERNEMENT PROVISOIRE.

La Révolution venait d'éclater à Paris comme un coup de foudre. Après une grande bataille provoquée par les défis insolents du Pouvoir, le roi avait abdiqué entre les mains du peuple vainqueur. Son petit-fils qu'il proposait à toute extrémité, avec la régence de sa mère, venait d'être écarté par le peuple, de sorte que la dynastie tout entière se trouvait entraînée dans la chute de son chef. Un Gouvernement provisoire s'était organisé sur le champ de bataille même, dans l'enthousiasme de la victoire. Parmi les cinq ou six membres qui le composaient, notre illustre, notre grand Arago figurait en première ligne.

Paris, abaissé, humilié, insulté, s'était relevé d'un bond à la hauteur de ses plus beaux jours. La France s'associait avec fierté à cette grande victoire ; car elle avait la mission d'éclairer, d'affranchir, et de protéger les nations.

Perpignan devait donner un bel exemple au département, en maintenant l'ordre ; il avait, du reste, foi dans les grands citoyens qui, dans ces circonstances difficiles, n'avaient point hésité à accepter provisoirement les rênes de l'État. Les Roussillonnais avaient triomphé avec Arago ; en son nom, ils devaient maintenir l'ordre, comme il devait contribuer de sa personne à le maintenir à Paris.

A Perpignan, l'autorité municipale avait donné sa démission. Guiter, premier conseiller (dont le caractère et les opinions étaient connus), avait pris en main l'administration. La garde nationale s'était organisée. On illuminait le soir, et la petite cité roussillonnaise avait pris l'aspect d'une grande fête publique.

Voici les dépêches qui, à cette époque si mouvementée, furent successivement envoyées à Perpignan :

« Le 22 février 1848, à 8 h. 1/2 du matin[1].

« *Le Ministre de l'Intérieur à MM. les Préfets.*

« Les mesures prises par le Gouvernement, à la suite d'un manifeste publié au nom du Comité du banquet, ont déterminé l'Opposition à renoncer au projet de démonstration et au banquet.

« Paris est parfaitement tranquille.

« Pour traduction :
« *Le Directeur du télégraphe,*
« COLLACHE.

« Pour copie conforme :
« *Le Préfet des Pyrénées-Orientales*[2],
« TAILLEFER. »

Du Même aux Mêmes.

« 23 février, à 9 h. 1/2 du matin.

« Depuis minuit la tranquillité est complètement rétablie; toutes les mesures sont prises pour empêcher le retour du désordre. Dans la soirée d'hier des barricades assez nombreuses ont été élevées par les émeutiers. Elles ont été sur-le-champ détruites par la garde nationale et la troupe de ligne.

« *Le Directeur du télégraphe,*
« COLLACHE.

« *Le Préfet des Pyrénées-Orientales,*
« TAILLEFER. »

1. Cette dépêche ne fut publiée à Perpignan que le lendemain, 23 février, à 4 h. 1/2 du soir.
2. Dépêche arrivée à Perpignan le 24 février, à 8 h. 1/2 du matin.

Du Même aux Mêmes.

« 24 février, à 1 heure du soir.

« M. Odillon-Barrot m'annonce que le Ministère se constitue avec son concours. Le général La Moricière est nommé commandant-général de la garde nationale de Paris.

« Tout ici marche vers le calme et la conciliation. »

« 24 février, à 1 h. 1,2 du soir[1].

« Le roi a abdiqué : S. A. R. Madame la Duchesse d'Orléans est nommée régente.

« Signés : COLLACHE, *Directeur du télégraphe.*
TAILLEFER, *Préfet des Pyrénées-Orientales.* »

« 24 février, à 10 heures du soir[2].

« *Le Délégué du Gouvernement provisoire
à MM. les Préfets et Sous-Préfets.*

« **Composition du Gouvernement provisoire.**

« MM. Dupont de l'Eure, *Président.*
Arago, Ministre de la Marine.
De Lamartine, Ministre des Affaires étrangères.
Crémieux, Ministre de la Justice.
Bedeau, Ministre de la Guerre.
Ledru-Rollin, Ministre de l'Intérieur.
Marie, Ministre du Commerce.
Garnier-Pagès, Maire de Paris.

« Signés : COLLACHE.
TAILLEFER. »

1. Cette dépêche arriva à Perpignan dans la nuit.
2. Cette dépêche arriva à Perpignan le lendemain, 25 février, à 10 heures du matin.

Dépêche télégraphique de Paris.

« *Le Ministre de l'Intérieur à MM. les Préfets.*

« Le 25 février, à 11 heures du matin.

« Le Gouvernement républicain est constitué. La nation va être appelée à lui donner sa sanction.

« Vous avez à prendre immédiatement toutes les mesures nécessaires pour assurer au nouveau Gouvernement le concours de la population et la tranquillité publique.

« Informez le Gouvernement, dans le plus bref délai, de l'état de l'opinion, et faites-lui part des dispositions que vous aurez prises.

« Le Directeur du télégraphe,
« COLLACHE.

« *Le Préfet des Pyrénées-Orientales,*
« TAILLEFER. »

§ 5. — LA RÉVOLUTION A PERPIGNAN.
ON PROMÈNE DANS LES RUES LE BUSTE D'ARAGO.

Proclamation du Maire de Perpignan.

Le jour même, le conseiller municipal, faisant fonction de Maire, adressait cette proclamation aux habitants de Perpignan :

« CHERS CONCITOYENS,

« Au défi insolent d'un Pouvoir réactionnaire, la population de Paris, toujours héroïque, a répondu par une Révolution. — Après une grande bataille, force est restée au droit. — Un Gouvernement nouveau s'organise. — De tous les points de la France s'élance un cri d'enthousiasme.

— Le cœur de notre ville, de patriotisme si ardent, a bondi à la nouvelle de la sublime fête de la grande famille.

« La victoire nous est venue belle, héroïque, comme inespérée ; nous avons à montrer maintenant à l'Europe qui bat des mains que nous en étions dignes. Que le sentiment de notre force nous donne une fière modération, le sentiment de notre grandeur, le mépris de toutes basses vengeances. Nous avons cru, à cette heure solennelle d'une régénération, devoir accepter les fonctions municipales qui nous placent à votre tête. Nous avons compté, en nous chargeant de cette difficile tâche, sur votre intelligente volonté d'ordre et de calme. — Nous sommes sûrs que notre confiance ne sera pas trompée.

« Que chacun donc, dans la fièvre de son esprit et de son cœur, s'impose même règle, même discipline.

« Respect de la victoire. Respect donc des personnes, mépris de tout sentiment, de toute colère qui appellerait de flétrissantes représailles.

« Généreux et magnanimes comme le cœur sublime de notre France ; calmes et confiants dans les citoyens qu'a choisis Paris, en NOTRE ARAGO, ne songeons qu'à nous associer aux joies, aux grandeurs de notre patrie. N'oublions pas que cette noblesse d'âme fut toujours le plus beau côté du caractère français.

« *Le Conseiller municipal remplissant les fonctions de Maire,*

« Th. GUITER. »

En même temps la Commission départementale [1] des Pyrénées-Orientales faisait connaître cette proclamation :

---

1. Elle était composée de F. Artus, G. Guillé, J. Fabre, E. Guiter, Lefranc, A. Bosc, P. Massot, F. Méric, I. Qués (Datée du 26 février 1848).

« Chers Concitoyens,

« Le Préfet est parti. En attendant les ordres du gouvernement que s'est donné la France, une Commission départementale s'est organisée. Cette lourde charge, nous l'avons acceptée; car, animés des sentiments, des idées qui émeuvent vos cœurs et vos intelligences, nous voulons, avec tous les bons citoyens, que notre victoire soit pure et grande, et par cela féconde et éternelle; nous croyons en votre patriotisme, en votre respect de l'ordre et des personnes. Nous ne pouvons nous tromper; mais nous vous supplions de rester en communauté de cœur avec votre Commission provisoire. Nous serons ainsi toujours d'accord; nous agirons toujours d'ensemble.

« Que chacun comprenne bien que dans les grands jours que nous avons eu le bonheur de voir se lever, en tout citoyen il y a un magistrat. Que chacun donc, sentant la grandeur de cette fonction de paix et de justice, fasse comme nous son devoir. »

Paris, en même temps, télégraphiait :

« *Le Ministre de la Guerre,*
à MM. les Lieutenants-généraux et Maréchaux de Camp.

« Le 25 février, à 10 heures du soir.

« Soldats, je vous adjure, au nom du pays et de l'honneur, de ne pas quitter votre drapeau et d'écouter les officiers qui vous commandent. La nation a besoin de votre concours et de votre patriotisme; et n'oubliez pas qu'un jour vous serez appelés, peut-être, à défendre son indépendance et l'intégrité de son territoire... » (Interrompue par le mauvais temps.)

> « Pour traduction :
> « *Le Directeur du télégraphe,*
> « COLLACHE. »

« Le présent ordre sera lu à la tête des troupes, et une salve de cent un coups de canon sera tirée à cinq heures du soir.

> « *Le Lieutenant-général,*
> « RACHIS. »

On sait quels furent les désordres qui se produisirent à Paris : barricades dans les rues, une partie des grilles du Ministère de la Marine tordues et arrachées. Nous verrons ici quel beau rôle joua notre illustre député, à un moment si décisif pour la France, à cette heure si critique où la foule en délire criait : *Vive la réforme! A bas Guizot!*

Le premier acte officiel du Gouvernement provisoire fut de dissoudre la Chambre des Députés, d'interdire à la Chambre des Pairs de se réunir, et de convoquer une Assemblée nationale après avoir « réglé les mesures de police et d'ordre nécessaires pour le vote de tous les citoyens ». Voici la proclamation qui fut adressée :

AU NOM DU PEUPLE FRANÇAIS

« CITOYENS,

« La royauté est abolie.

« La République est proclamée.

« Le Peuple est uni.

« Tous les forts qui environnent la capitale sont à nous.

« La brave garnison de Vincennes est une garnison de frères.

« Conservons avec respect ce vieux drapeau républicain dont les trois couleurs ont fait avec nos pères le tour du monde.

« Montrons que ce symbole d'égalité, de liberté, de fraternité est en même temps le symbole de l'ordre le plus réel, le plus durable, puisque la justice est la base et le peuple entier l'instrument.

« Le peuple a déjà compris que l'approvisionnement de Paris exigeait une plus libre circulation dans les rues de Paris, et les mains qui ont enlevé les barricades ont, dans plusieurs endroits, fait dans ces barricades une ouverture assez large pour le libre passage des voitures de transport.

« Que cet exemple soit suivi partout; que Paris reprenne son aspect accoutumé; que le peuple veille à la fois au maintien de ses droits, et qu'il continue d'assurer, comme il l'a fait jusqu'ici, la tranquillité et la sécurité publiques.

« Fait à Paris, le 26 février 1848.

« Ont signé : *Les Membres du Gouvernement provisoire.* »

Un des premiers actes officiels de la Commission municipale de Perpignan fut un hommage à l'homme illustre, à Arago[1], dont on allait inaugurer le buste à l'Hôtel-de-Ville.

Voici le discours qu'adressa le Maire provisoire à ses concitoyens :

« Une fête nationale associera prochainement tous les

[1]. Emmanuel Arago, son frère, avait été nommé Commissaire du Gouvernement dans le département du Rhône.

citoyens de notre département à un élan de joie commun. Forcé par des préoccupations de toute nature de la remettre encore, nous ne voulons pas retarder la fraternelle union de notre garde nationale et des troupes qui forment la garnison de notre ville; nous désirons qu'une réunion générale rappelle à tous que les citoyens et les soldats, enfants de la même patrie, frères de la même famille, défenseurs de la même cause, doivent marcher d'un même pas dans les larges voies du glorieux avenir que vient d'ouvrir à la France l'ère nouvelle.

« La municipalité de Perpignan a donc décidé, de concert avec M. le Lieutenant-général, que sans plus attendre, demain dimanche, 5 mars, une revue générale serait passée de la garde nationale et de la garnison de de notre ville.

« Dès le matin, une salve de vingt et un coups de canon annoncera la fête de la journée.

« A une heure, la garde nationale se réunira sur la place de la Liberté; les troupes à la promenade des Platanes. A deux heures, revue générale au Champ-de-Mars, à laquelle assisteront la Commission départementale et le corps municipal. Après la revue, le buste de notre illustre Arago sera solennellement porté à la maison commune.

« Le soir, la Préfecture, l'Hôtel-de-Ville seront illuminés; nous invitons tous les citoyens, dévoués à notre jeune et belle République, à pavoiser et à illuminer leurs maisons.

« La grande salle de l'Hôtel-de-Ville sera ouverte à tous ceux qui voudront saluer l'image de l'illustre Arago.

« Perpignan, le 4 mars 1848.

« *Le Conseiller municipal, remplissant les fonctions de Maire,*

« Ph. GUITER. »

Voici quelques récits de cette journée inoubliable où Perpignan donna l'exemple de la discipline :

Le citoyen Guiter, au nom du Conseil municipal, s'exprima en ces termes (ce beau discours vaut la peine d'être reproduit) :

« CITOYENS,

« Un gouvernement réacteur avait rêvé la ruine de toutes les libertés ; violent pour les citoyens, lâche et sans dignité devant les puissances étrangères, corrupteur sans honte et sans frein, il faisait déchoir la France du rang glorieux qu'elle occupait parmi les nations. Mais la patience des citoyens est arrivée à son terme ; le peuple a fait entendre sa grande et puissante voix ; et les insensés qui avaient excité sa colère ont disparu, chassés, comme l'avait prédit un grand orateur, par la révolution du mépris.

« La France est toujours la grande nation. Toujours elle marchera à la tête des peuples dans la grande route de la civilisation ; et si elle s'arrête quelquefois, si d'autres peuples l'atteignent ou même la devancent, d'un seul bond elle reprend le premier rang, et le monde marche à sa suite. Voilà ce qu'elle vient de faire en trois jours immortels ; gloire éternelle à l'héroïque population parisienne, gloire aux patriotes qui ont relevé l'étendard républicain, qui en ont effacé les souillures, qui l'élèvent assez haut pour que le monde entier l'aperçoive et le suive.

« Citoyens du peuple et de l'armée, pressons-nous autour de ce drapeau, aux grands et nobles souvenirs. Que nos cœurs battent à l'unisson pour notre jeune République ! Que tous réunis désormais dans une fraternité sainte, nous ne formions qu'un même vœu, celui de fonder à jamais la liberté et la prospérité de la patrie. »

Ce discours fut accueilli par les cris répétés de : *Vive la République!* Les citoyens Fabre et Guiter donnèrent ensuite l'accolade au général, l'accolade fraternelle, aux applaudissements répétés de la foule.

Mais relisons le récit du reporter : « Immédiatement après, le défilé a eu lieu. Nos gardes nationaux, les premiers, se sont avancés d'un pas ferme, dans un ordre militaire vraiment étonnant pour de nouveaux soldats... Au passage de chaque compagnie s'élançaient vers le ciel des clameurs passionnées : les sabres se brandissaient. C'était un spectacle admirable et de profonde émotion que celui de tous ces hommes exaltés par la même idée, sous la merveilleuse ogive que forment nos grands arbres. Mais comment dire l'aspect de nos rues à l'entrée du cortège, cette ville frémissante, ces visages pressés et émus, ces fenêtres, ces balcons encombrés, ces drapeaux aux couleurs avivées flottant au-dessus de tous. Toute parole serait froide et misérable auprès des souvenirs rayonnants de cette heure.

« Le cortège, après avoir accompagné le citoyen général[1], se dirigea vers la rue Saint-Augustin ; et bientôt commença, à travers notre ville, au milieu des bataillons de la garde nationale, une promenade triomphale du buste de notre immortel Arago. Les cris de : *Vive Arago!* se mêlaient, dans une touchante union, à la suite de cette belle et puissante tête qui, couronnée, passait si glorieusement sous les fiers regards de tous. Le buste fut enfin solennellement placé dans la maison commune, et salué par quelques chaleureuses paroles du citoyen Théodore Guiter. Le soir, notre ville était éblouissante de lumières, comme étoilée. La population se pressait sous ces illuminations, promenait sa joie et ses émotions. Auprès de la

1. Le général Rachis.

grande salle de l'Hôtel-de-Ville, brillamment ornée, les musiques de la Garde nationale et de la Ligne exécutaient les chants nationaux. Nos ouvriers, dont chacun sait le haut sentiment musical, chantaient auprès du buste d'Arago nos hymnes sacrés et ce chant qui, composé par un de nos amis en l'honneur de notre illustre compatriote, est dans la mémoire de tous. Des sérénades furent données à l'excellent colonel[1] de la garde nationale, à notre maire auquel le Gouvernement vient de confier notre département, au citoyen Victor Arago, digne fils d'une famille adorée parmi nous.

« Bien tard, notre ville a pu reprendre son calme, son silence ordinaire, mais chacun en se retirant a emporté une profonde impression de cette journée, qui avait fortifié et élevé son âme par le spectacle d'une passion commune, de la fraternité vivante...

« Le lendemain, toutes les autorités civiles et militaires étaient encore réunies sous les voûtes de notre vaste cathédrale, pour assister à un service funèbre en l'honneur des victimes de l'immortelle Révolution de Février... »

§ 6. — Réception enthousiaste faite a Arago a l'Hôtel-de-Ville de Paris.

A Paris, la proclamation solennelle de la République avait eu lieu à la Colonne de Juillet; on estimait à 3o.ooo hommes environ le nombre de gardes nationaux présents sous les armes. Un faisceau de drapeaux tricolores avait été placé au sommet de la Colonne. Des pelotons de gardes nationaux, escortant le drapeau de chaque légion, s'étaient placés au pied de la Colonne de Juillet

---

1. Le colonel de Lamer.

dans l'espace réservé aux Membres du Gouvernement provisoire. Ceux-ci étaient tous en habits bourgeois et portaient à la boutonnière une rosette de soie rouge, et à la ceinture une écharpe tricolore.

« Arago se découvre, écrit le reporter. A ce moment, comme par enchantement, le soleil se montre, et l'illustre citoyen parle au milieu d'une auréole de lumière... Son discours était acclamé à tous moments. Nous avons recueilli ces mots qui, nous n'en doutons pas, seront la devise du Gouvernement actuel : « En 1830, nos frères « avaient le sentiment de leurs droits ; nous en aurons, « nous, la sagesse. »

Le discours d'Arago fut suivi d'enthousiastes applaudissements et de cris de : *Vive la République!*

Le lendemain, Emmanuel Arago, frère de l'illustre député, commissaire extraordinaire du Gouvernement, arrivait à l'Hôtel de la Préfecture où il était reçu par le Comité préfectoral qu'il avait confirmé dans le poste qu'il occupait. Relisons le compte rendu du reporter : « Un moment après, le citoyen commissaire, décoré d'une large écharpe tricolore, accompagné du Comité préfectoral, de deux officiers d'artillerie, d'un élève de l'École Polytechnique et de quelques citoyens, escorté par une compagnie de la garde nationale formée d'élèves en médecine, se mettait en marche pour se rendre à l'Hôtel-de-Ville. Une foule immense le suivait. Le cortège fut salué partout par les cris de : *Vive la République! Vive Arago! Vivent les Parisiens!* Tous les postes prenaient les armes à son passage. Les rangs du peuple se sont ouverts sur la place des Terreaux pour laisser passer le cortège ; la garde de l'Hôtel-de-Ville, composée de citoyens et de soldats, a formé une double haie et a présenté les armes au représentant de la République.

« Le citoyen Arago a été reçu dans la grande cour de

l'Hôtel-de-Ville par le président du Comité de la Guerre, le citoyen Larat, puis conduit dans la grande salle des délibérations du Conseil municipal où il a adressé une allocution au citoyen Laforest, maire de Lyon, et au Comité, qu'il a l'un et l'autre confirmés dans leurs fonctions.

« Un moment après, les tambours battaient sur le grand balcon de l'Hôtel-de-Ville, et le citoyen représentant adressait au peuple, d'une voix forte, énergique, un discours interrompu seulement par les cris unanimes de : *Vive la République !* »

CHAPITRE SECOND

§ I. — Impressions sur la situation de la France
au moment de la Révolution.

Le Gouvernement français était préparé, à cette date,
pour réprimer une émeute ; il avait succombé devant la
puissance d'une révolution. Le ministère Guizot avait
succombé en présence de cet acte inattendu de souveraineté populaire. Ces ministres insensibles, ce roi tenace,
cet audacieux chef militaire, cette armée avec toutes les
fortifications, les armes et la force, tombaient frappés
d'impuissance devant le triomphe de l'opinion publique
et de la volonté du peuple. La royauté de Juillet avait
fini comme elle avait commencé : après les labeurs, les
luttes et les efforts de dix-sept années, elle avait subi une
défaite qui ne le cédait presque en rien et qui était plus
étonnante que celle des Bourbons aînés. Pendant dix-sept
ans, la politique de Louis-Philippe avait été une protésta-
tion continuelle contre le principe de la puissance populaire à laquelle il devait son trône ; mais il était dans sa
destinée d'apprendre que la *terrible énergie de la Révolution française* défiait les plus secrètes précautions.

La France s'était réveillée ; de l'apathie elle passait à la
Révolution. Les événements de Paris avaient fait ressentir
au pays une commotion soudaine ; ils allaient se refléter
sur l'Europe entière, où des éléments de combustion
étaient répandus à profusion. Le prince qui rêvait encore
les combinaisons de Louis XIV, l'assujettissement de l'Espagne, la répression de l'Italie, l'intervention en Suisse et

la coërcition violente du parti radical intérieur ; ce prince s'était réveillé dans la position équivoque du roi citoyen. Les intrigues espagnoles et les conseils de l'Autriche étaient les sympathies bien dignes d'un cabinet qui avait tourné le dos à la libérale Angleterre et menacé de sacrifier aux intérêts d'une dynastie la paix du monde entier. « Jamais, disaient les journaux anglais de l'époque, grande nation n'a reconquis ses libertés *d'une manière plus auguste* et avec moins d'effusion de sang. »

§ 2. — Après la Révolution.

Paris avait repris un aspect de sécurité après les terribles épreuves que la ville avait traversées. La circulation était entièrement rétablie ; la foule était partout calme et tranquille ; elle portait en elle le sentiment de sa force et de sa modération.

Tous les officiers généraux appartenant à la marine (sans en excepter même de Mackau), avaient fait acte d'adhésion à la date du 26, dans les termes les plus patriotiques, entre les mains d'Arago, Ministre provisoire.

On continuait à pourvoir d'urgence à la nomination de commissaires pour les départements : Odillon-Barrot et ses amis politiques ; Thiers et les hommes qui marchaient sous son drapeau ; Billault, Dufaure et les rares soldats de leur petit bataillon s'étaient réunis pour s'entendre sur la conduite à tenir en présence des circonstances graves dans lesquelles le pays se trouvait placé. On avait décidé, à l'unanimité, dans cette réunion, que les hommes du tiers-parti, du centre gauche et de la gauche, dont les événements avaient dépassé tous les projets et toutes tendances politiques, donneraient, sans aucune restriction, leur concours au nouveau Gouvernement[1].

En somme, l'aspect de la capitale était devenu satisfaisant. Toutes les démonstrations désordonnées avaient échoué devant l'énergique vigilance des citoyens.

§ 3. — A Perpignan. Nomination du nouveau Préfet, du Maire. Actes officiels de la Commission départementale.

Le 7 mars, le Gouvernement provisoire révoquait le Préfet du département des Pyrénées-Orientales, et nommait « le citoyen Th. Guiter, *Commissaire du Gouvernement*, dans ce département, l'investissant des pouvoirs de Préfet, et l'autorisait à prendre toutes les mesures d'ordre et de salut public qu'il jugera nécessaires. Toutes les autorités civiles et militaires sont placées sous ses ordres. » (Signé de Ledru-Rollin, *Ministre de l'Intérieur.*).

Le même jour, le Commissaire du Gouvernement nommait le citoyen Hippolyte Picas, maire, et les citoyens François Fraisse et André Boy, adjoints de la ville de Perpignan.

Une des questions les plus importantes dont le Gouvernement s'occupa de suite, ce fut la *réforme électorale* qui avait suscité tant de divisions et de haines.

Les élections générales devaient avoir lieu le 9 avril[2]; il s'agissait d'élire 900 représentants du peuple, répartis

---

1. Il faut signaler le concours précieux de la *Banque de France*, qui avait mis à la disposition du Gouvernement une somme de 100.000 francs votée par le Conseil général de la Banque, pour les blessés et les familles victimes des 23 et 24 février. La Banque avait escompté, le 26, pour plus de *sept millions* d'effets.

2. Elles furent, par un décret, reportées au 13 avril.

suivant une certaine proportion [1]. Réunis au chef-lieu de canton, les citoyens devaient voter par liste de cinq députés, et le recensement général s'opérait ensuite au chef-lieu du département; de telle sorte qu'il n'y avait plus de représentants de tel ou tel arrondissement, mais bien du département tout entier; principe excellent qui avait pour effet d'effacer les rivalités et de sacrifier à l'intérêt de la nation tous les petits intérêts de clocher qui avaient énervé la France sous la monarchie.

L'opinion publique, consultée à Perpignan en vue des nouvelles élections, avait porté son choix sur les citoyens Arago, Guiter, Emmanuel Arago, Lefranc, rédacteur en chef de *L'Indépendant*, et Picas, avocat, maire de Perpignan.

§ 4. — LE RÔLE D'ÉTIENNE ARAGO, FRÈRE DE FRANÇOIS ARAGO.

Je n'oublierai pas, en passant, de citer la candidature qu'on avait offerte à Étienne Arago, « l'enfant gâté du Roussillon », qui s'était battu là-haut, comme un véritable enfant de Paris.

Le nom de l'auteur des *Aristocraties* est si intimement lié à l'illustre savant [2] qu'il serait regrettable de le passer sous silence. Voici la belle lettre qu'il envoya aux électeurs des Pyrénées-Orientales, quelques jours avant les élections générales :

« Ma vie politique est une. Je suis, j'ai toujours été républicain démocrate. Trois époques surtout ont mis en

1. La base était de 1 représentant par 40.000 habitants. Perpignan devait élire 5 représentants.

2. Arago, membre du Gouvernement provisoire, Ministre de la Marine, président de la Commission de défense nationale, avait été chargé par intérim des fonctions de Ministre de la Guerre.

lumière ce qu'il y a en moi de conviction et d'énergie
républicaine : 1820-1830-1848.

« En 1820, alors que la démocratie ne comptait que de
rares soldats, j'allai, bien jeune encore, me présenter à
elle, et, enrôlé volontaire, je pris place dans ses rangs.
Depuis ce jour, je me suis associé à ses vingt-huit ans de
travaux, de luttes, de douleurs. La démocratie a été plusieurs fois vaincue, et quand sa cause semblait désespé-
rée, lorsque quelques-uns de ses plus ardents défenseurs,
à bout de forces et de patience, fléchissaient sous la défaite, sous la persécution, sous la menace, sous l'injure,
sous la raillerie et le scepticisme, j'ai gardé, avec ma foi,
l'espoir et le courage ; et toujours debout au milieu de
mes frères d'armes, j'ai continué à accomplir ma tâche
de républicain.

« Au début de cette première période de ma vie, j'en-
trai dans *la Charbonnerie*, et j'eus le bonheur de faire partie d'une *Vente* centrale naissante qui bientôt compta
dans son sein Cavaignac, Guinard, Audiat, Thomas,
républicains persistants, qui se retrouvèrent comme moi,
le fusil au poing, sur les barricades de Juillet.

« De 1820, date aussi mon entrée dans la carrière des
lettres : et si je donne place ici à ce souvenir, c'est que
chez moi le labeur littéraire a été inséparable du labeur
politique ; c'est que j'ai poursuivi par la voie de la presse
la réalisation de mes principes, la conquête de la démocratie. Pour moi, la plume a été une arme, et j'ai fait feu
avec l'idée comme avec le fusil.

« 1830 arriva. Dès le 27, avant que le combat fût engagé, je fis fermer, malgré la présence du commissaire
de police, les portes du théâtre du Vaudeville dont j'étais
directeur[1]. Ce fut le premier établissement public qui

1. Arago avait eu une très belle conduite pendant les journées ter-

donna le signal de la révolte, et l'on sait que fermer un théâtre c'est jeter un drapeau noir sur une ville. Ce que je fis le 28 et le 29, je ne le dirai pas ici ; qu'il me suffise de renvoyer à l'*Histoire de Dix Ans* et au certificat suivant qui me fut donné, avec la Croix de Juillet, par la Commission des récompenses nationales :

« La Commission des récompenses nationales considère
« M. Étienne Arago comme l'un des citoyens qui *ont fait*
« *les plus généreux sacrifices et risqué le plus leur existence*
« dans les journées qui ont affranchi la France. Le dé-
« vouement sans bornes et les hautes qualités de ce noble
« jeune homme le recommandent *tout particulièrement*
« *à la justice, disons plus, à la reconnaissance du Gouver-*
« *nement.* »

« Après la Révolution de Juillet, je n'ai pas fait appel à la justice du Gouvernement. Quant à sa reconnaissance, des persécutions et ma ruine, qui fut son ouvrage, me l'ont témoignée assez. Je repris mon attitude militante ; et la démocratie, trompée après sa victoire, me retrouva parmi ses défenseurs. Officier de l'artillerie parisienne, je fus chargé de donner le signal de l'insurrection à l'insurrection de Lamarque. En avril, on me retrouva sur la brèche ; et après chacune de ces deux affaires, je fus obligé de me cacher pour me soustraire à l'exécution d'un mandat de la Cour des Pairs...

« J'ai combattu toute ma vie pour la cause qui a triomphé hier. Avant la victoire, je n'avais reçu que de ma conscience la mission de lutter pour la République ; c'est de vous aujourd'hui que je sollicite un mandat qui me permette de concourir à son organisation. J'entrerai dans

ribles de 1848 : on l'avait vu, au fort de la bataille, au milieu des barricades, sous le feu de la place du Palais-Royal. Dans la rue de Bourg-l'Abbé, il avait sauvé 60 gardiens municipaux menacés par le peuple.

cette nouvelle carrière avec d'autant plus de confiance que j'y marcherai appuyé sur un faisceau de famille.

« Mais aux titres que j'ai énumérés, ne puis-je pas en ajouter un autre qui sera de quelque valeur auprès de vous, mes chers compatriotes?

« Si j'ai bonne mémoire, un Anglais, qui fut un grand républicain, a dit à peu près ces paroles : « Pour vivre « dans la pensée du peuple, que d'autres lui fassent des « lois; moi, je ne demanderais qu'à lui faire ses chan- « sons. »

« Des chansons, je vous en ai fait quelques-unes. Dans ma dernière, j'ai eu le bonheur de prophétiser en chantant. Je vous disais :

> Patriotes ples de foc,
> Que desitjou com la manna
> La gloriosa Marianna,
> Esperau encare un poc,
> Mes bonnica qu'una nobi,
> Dins del biatje que fau,
> Es possible que la trobi
> A Deu siau! m'en bau!
> M'en bau... A Deu siau!

« Cette glorieuse Marianne, cette chère République, mes amis et moi l'avons trouvée, sous les pavés de Février. Aussi, je l'espère, lorsque vous vous approcherez de l'urne électorale, ma chanson sera sur vos lèvres, et mon nom dans votre mémoire.

« Étienne Arago. »

CHAPITRE TROISIÈME

**§ 1. — Fête nationale du 20 mars. — Discours d'Arago,
Ministre de la Guerre. — Distribution des drapeaux.**

Paris venait encore d'avoir une de ces journées qui ne
pouvaient appartenir qu'à une grande cité, et qui font
époque dans la vie d'une nation. Depuis la Révolution
de Février, la capitale était habituée aux prodiges de ce
genre. Mais la journée qui venait de se passer avait pris
un tel caractère et de telles proportions qu'aucune des
précédentes ne pouvait la faire pressentir; il était donc
permis d'affirmer sans exagération que l'histoire de notre
pays, et l'on peut même dire l'histoire du monde, n'avait
jamais offert chez aucun peuple un aussi grand spectacle
à l'estime et à l'admiration des populations tout entières.

Personne n'avait voulu manquer à cette fête grandiose
qui avait réuni tous les citoyens dans un sentiment unanime de concorde, et ramené dans la capitale même une
armée valeureuse qui en était restée trop longtemps éloi-
gnée.

Relisons le récit fidèle du reporter qui a souligné tous
les détails de cette manifestation patriotique, sur laquelle
a dû être calquée la grande revue du 14 Juillet :

« Le Gouvernement provisoire, réuni au Ministère de
la Guerre, en est sorti pour se rendre à l'Arc-de-Triomphe.
Les voitures ont suivi le pont de la Concorde, le quai des
Champs-Élysées, la rue de Chaillot et l'avenue de l'Étoile.
A dix heures et demie, le Gouvernement était assis sous
l'Arc-de-Triomphe ; les onze membres qui le composent.

le secrétaire général et les deux ministres rangés circulairement ; derrière eux, les sous-secrétaires d'État ; à gauche, les blessés de Février et les décorés de Juillet ; à droite, les détenus politiques et l'état-major général de l'armée ; plus loin, sur les degrés de l'estrade, étaient réunies des députations des différents corps d'état, et entre autres la magistrature.

« Au fond et dans un amphithéâtre richement décoré, étaient assises des dames en grand nombre... Quand le Gouvernement provisoire est arrivé sur l'estrade, le canon a tiré vingt et un coups. Les colonels des différentes légions et des détachements de l'armée, les chefs de bataillon de la garde nationale mobile, les colonels de la garde républicaine et de la garde civique, tous accompagnés de leurs porte-drapeaux, étaient rassemblés pour recevoir les drapeaux... »

Allocution d'Arago :

C'est à ce moment que notre compatriote Arago, Ministre de la Guerre, prononça d'une voix énergique l'allocution suivante :

COLONELS DES GARDES NATIONALES ET DE L'ARMÉE

« Le Gouvernement provisoire va confier ses drapeaux à votre honneur et à l'honneur des citoyens et des soldats que vous commandez.

« Que ces couleurs républicaines, dont l'histoire consacre les glorieux souvenirs, rappellent partout à nos yeux l'image vivante de la France libre et régénérée.

« Que vos cœurs se pénètrent de la sainte devise de la

République, devenue désormais l'immortelle foi de la patrie !

« Si cette patrie avait besoin de vos bras, que ce drapeau serve de guide à votre courage !

« Qu'il soit, au sein de la paix un symbole de discipline et d'ordre, un signe de ralliement pour la défense de ces grands principes que la Révolution a proclamés, que la République vivifiera !

« Citoyens soldats, soldats citoyens, tous enfants du peuple, également chers au peuple, portez avec orgueil cet emblème de la force et de la grandeur du peuple armé.

« Il est pour la République un gage d'union et de puissance, pour tous les peuples libres une garantie d'alliance et d'amitié, et pour les peuples qui sont encore opprimés, une espérance d'affranchissement.

« Colonels, au nom de la République, nous prenons à témoin Dieu et les hommes que vous jurez fidélité à son drapeau. »

Les colonels répondirent en levant l'épée : « Nous le jurons ! Vive la République ! »

Les drapeaux furent successivement distribués aux chefs du génie, des pompiers, de la Garde, etc.

Ce fut, suivant le récit du reporter, le 18ᵉ de ligne qui défila le premier, aux acclamations enthousiastes du public; mêlé dans les rangs des soldats, tandis que le canon tonnait toutes les cinq minutes. Puis un bataillon de la garde mobile, « plein d'une ardeur juvénile, manœuvra avec la régularité de vieux soldats ».

« Les flots de baïonnettes se succédaient sans interruption; et aussi loin que la vue pouvait s'étendre, de la barrière de l'Étoile aux Tuileries, on ne découvrait que des fusils et des hommes armés. Du haut de l'Arc de l'Étoile, le spectacle était splendide. Des masses innombrables s'avançant devant l'Arc-de-Triomphe et défilant avec ordre ; les Champs-Élysées couverts d'une foule compacte ; les arbres chargés d'hommes qui avaient improvisé des loges et des tribunes, un mouvement immense plein de vie et sans tumulte, des blouses et des habits mêlés aux uniformes, des costumes de toutes sortes parmi les citoyens armés et sans armes ; des vagues mouvantes, hérissées de fer, dans une perpétuelle agitation, et obéissant à un ordre admirable : voilà ce qu'on apercevait du haut du glorieux monument de nos triomphes.

« Peu à peu aux hommes armés s'étaient mêlés des hommes sans armes, des femmes, des enfants, et à cette heure, ce n'était plus une revue de la garde nationale et de l'armée, c'était une revue de la population tout entière. Tout Paris voulait venir saluer la République et faire acte d'adhésion au Gouvernement provisoire.

« Ce fut là, on peut le dire, un des caractères les plus singuliers et les plus frappants de cette solennité nationale. On avait vu une capitale entière qui avait voulu montrer au Gouvernement qu'elle s'était librement choisi sa puissance et le nombre inépuisable de ses courageux enfants.

« Quand les blessés de Février, couverts de la capote grise, défilèrent avec leur drapeau, la plupart portant encore les marques héroïques et douloureuses de leur patriotisme, le Gouvernement provisoire parut profondément ému et les acclama. » .

On a calculé à 4oo.ooo hommes environ les hommes armés qui défilèrent devant le Gouvernement. « On eût dit, écrit le reporter, une sorte de féerie réalisée ; on eût dit une immense famille unie dans la plus profonde et la plus fraternelle sympathie. »

La France et l'Europe devaient être vivement frappées

d'une solennité semblable : la première y puisant une
sécurité profonde ; la seconde y trouvant des enseignements non moins profitables ; elle voyait ce que pouvait
faire le peuple français si le soin de son honneur lui faisait un devoir de prendre les armes.

§ 2. — Résultat des élections :
Arago élu par 243.660 voix. — Fêtes a Perpignan
en son honneur.

Il est intéressant de rappeler le résultat des élections,
et notre Roussillon peut être fier de rappeler après tant
d'autres que le nom d'Arago, parmi les noms les plus
honorables, était sorti le troisième de l'urne électorale,
après l'immortel Lamartine et Dupont de l'Eure, qui tenait à cette époque les rênes du Gouvernement.

Le grand souci du moment, après une révolution, était
de savoir si la majorité de l'Assemblée nationale serait
franchement républicaine[1]. Les *grands citoyens* qui représentaient ceux qui les avaient élus devaient être jugés à
l'œuvre, et cette œuvre immense embrassait les questions
politiques et sociales les plus ardues, dont la solution
intéressait au plus haut degré le bien-être du peuple et,
en même temps, la prospérité de la République naissante.

Un des journaux[2] de l'époque a relaté le dépouillement
général des votes du département de la Seine. Je le
transcris :

1. Emmanuel et Étienne Arago siégèrent, au sommet de la Montagne, à l'extrême gauche, à côté de Barbès et Caussidière, non loin
de Lacordaire.
2. *Le National*, mercredi 3 mai.

ÉLECTIONS DE LA SEINE

« Ce soir à dix heures et demie le dépouillement du scrutin étant connu, le citoyen maire de Paris est entré dans la salle où tous les maires de la ville s'étaient assemblés pour procéder à cette solennelle opération.

« Un cortège imposant accompagnait le citoyen Marrast. Tous les fonctionnaires marchaient environnés de drapeaux à la lueur des torches et des feux de Bengale. Les voûtes de l'Hôtel-de-Ville répétaient les chants du *Départ* et de la *Marseillaise*. A l'arrivée du Maire de Paris, le plus profond silence s'est fait, et le résultat du scrutin a été procla né. Aussitôt un tonnerre de *vivats* a éclaté, et le citoyen-maire, porté par la foule qui l'environnait, s'est rendu à la porte même de l'Hôtel-de-Ville, et là, les noms des citoyens élus ont été de nouveau proclamés, aux acclamations unanimes et répétées de la foule compacte qui encombrait la place. Voici les noms des trente-quatre représentants de la ville de Paris. »

Je cite les principaux élus[1] :

Lamartine....................	259.800 voix.
Dupont (de l'Eure)..........	245.083 —
François Arago..............	243.640 —
Garnier-Pagès..............	240.690 —
Armand Marrast............	229.166 —
Marie......................	225.776 —
Crémieux..................	210.699 —
Béranger..................	204.271 —
Carnot....................	195.608 —

1. Le 10 mai, l'Assemblée Nationale proclamait membres du Gouvernement : Arago, Garnier-Pagès, Marie, Lamartine, Ledru-Rollin.

Ferdinand Lasteyrie ....   165.156 voix.
Cavaignac...................   144.187   —
Ledru-Rollin................   131.587   —
Louis Blanc ....   121.140   —
Lamennais...... ....   104.871   —

Fêtes en l'honneur d'Arago.

A la suite de cette élection, qui illustrait encore une fois de plus le Roussillon, on illumina la rue Arago. On pouvait dire que le Roussillon était vraiment une terre promise et que tous les instincts y germaient pour éclore en transports enthousiastes. A toutes les époques de son histoire, d'ailleurs, le sentiment du devoir, l'admiration pour les grandes vertus, pour les renommées glorieuses ont trouvé sur ce sol privilégié, non seulement des prosélytes, mais même des héros.

Relisons ce récit du reporter de cette époque et nous verrons de quelle vénération, de quel respect était entouré le nom de notre illustre compatriote, que Paris venait d'élire après le grand Lamartine.

« ... La nature, écrit le reporter[1], nous a fait tels ; soyons heureux de son œuvre ; bénissons sa main ; car pour comble de faveurs, elle a fait naître parmi nous *un des plus grands citoyens du monde moderne*, comme pour nous servir de guide, dans ces temps difficiles, afin que nous ne mentions pas à nos précédents en faisant fausse route vers l'avenir. C'est probablement pour cela, ou sans s'en douter peut-être, que nos compatriotes ont mêlé à la fête de

1. Signé J. G.

dimanche tant de fleurs et tant de verdure, associant ainsi la nature même au triomphe de son œuvre.

« C'est qu'en effet, la RUE ARAGO offrait l'aspect d'un bois enchanté peuplé par la grande image du génie. Les bustes d'Arago s'élevaient à presque toutes les façades des maisons. Les murs tapissés, toutes les fenêtres pavoisées ; des arcs-de-triomphe, des illuminations brillantes, une foule joyeuse et compacte, des détonations de réjouissance, des cris d'allégresse, des vivats ; tout cela était saisissant et magique.

« Honneur aux habitants de Saint-Mathieu, de la rue Arago, pour la manière dont ils savent fêter les *grandes vertus d'un grand citoyen*. Honneur à eux et à la population tout entière de notre ville pour avoir su si bien comprendre que la sanction de la grande devise républicaine est : ordre et fraternité.

« Pendant cette soirée, un banquet avait réuni la compagnie Lafontaine ; le citoyen Picas, maire de la ville, présida cette solennité. A neuf heures, les officiers de la Garde nationale se rendirent au commissariat général pour prier les citoyens commissaires de visiter la rue Arago ; cette invitation acceptée, le cortège parcourut divers quartiers de la ville et rentra dans la rue Arago par la rue Saint-Mathieu. Arrivé devant l'arc-de-triomphe qui fermait la rue, du côté de l caserne Saint-Martin, le citoyen Vergers [1], dans une brillante improvisation, fit l'éloge de notre illustre compatriote, de nos représentants, du citoyen maire et des Roussillonnais, pour lesquels il proclama de vives sympathies. Le citoyen Picas prit la parole à son tour, et dans une allocution vivement sentie, comme tout ce qui part de l'âme du bon et loyal compatriote, il remercia les habitants de Perpignan, et en particulier

1. Commissaire général.

ceux de la rue Arago, de l'honneur insigne auquel ils l'avaient appelé et dont il garderait un éternel souvenir.

« Le cortège redescendit la rue, et le Commissaire général allait prononcer une seconde allocution en face du buste du grand homme, lorsqu'on vint lui annoncer que des symptômes de désordre se produisaient sur la Loge : « Mes amis, dit-il, ma place n'est plus ici, d'après ce que « je viens d'apprendre; je vous engage tous à me suivre; « nous n'avons besoin d'aucune force pour nous accom- « pagner. Soyez persuadés qu'en nous présentant sur le « lieu du rassemblement les quelques Perpignanais éga- « rés par des paroles imprudentes ou coupables enten- « dront la voix de la raison. »

« En effet, la présence sur la Loge du citoyen Commissaire, du citoyen Maire, du Colonel, ainsi que du corps des officiers de la Garde nationale, suffit pour dissiper les nuages qui menacèrent un moment de troubler la sérénité de ce beau jour de fête. Les paroles du citoyen Vergers produisirent tout l'effet désirable; la tranquillité se rétablit; et en se séparant, on criait : Vive Arago! Vive le Commissaire! Vive la République!

« Le cortège se rendit de nouveau à la rue Arago, où les citoyens Picas et Vergers prononcèrent une nouvelle allocution. En se retirant, on salua l'arbre de la Liberté du *Pont-d'en-Vestit*. Puis, la fête se termina dans le plus grand calme. Honneur à la population tout entière, qui comprend si bien que le plus bel ornement d'une fête populaire donnée pour célébrer de grands citoyens, c'est l'ordre et l'union. »

QUATRIÈME PARTIE

CHAPITRE PREMIER

§ 1. — Les Membres du Gouvernement. — Rapport d'Arago,
Ministre de la Guerre.

Le pouvoir intérimaire, destiné à remplacer jusqu'à la
formation d'un Gouvernement définitif l'espèce de dictature exercée depuis le 24 février par le Gouvernement
provisoire, était enfin constitué.

L'Assemblée nationale venait de remplir le vœu de la
nation par l'heureux choix qu'elle avait fait : Arago, Lamartine, Ledru-Rollin, Garnier-Pagès et Marie, hommes
de génie, de talent et de cœur, dévoués à la République
démocratique, résumaient, pour la France, toutes les conditions d'ordre et de progrès. Toutes les craintes, toutes
les incertitudes étaient désormais bannies ; le triomphe
des grands principes était à jamais assuré[1].

En effet, pour tout esprit sérieux et réfléchi, une double
nécessité apparaissait dont l'urgence était impérieuse. Il
s'agissait de faire comprendre à certains que l'expression

1. Voici à ce moment quelle était la composition du Ministère,
nommé par la Commission du Pouvoir exécutif : Justice, Crémieux ;
— Affaires étrangères, J. Bastide ; — J. Favre, Sous-Secrétaire
d'État ; — Guerre, Charras, Sous-Secrétaire d'État ; — Marine, amiral
Casy ; — Intérieur, Recurt ; — Instruction publique, Carnot ; —
Travaux publics, Trélat ; — Commerce, Flocon ; — Cultes, Berth-
mond ; — Finances, Duclerc ; — Maire de Paris, Marrast ; — Préfet
de police, Caussidière.

peuple désignait toute la nation et non une partie de la nation ; de bien convaincre les autres que c'était une question de vie ou de mort d'établir le crédit et de développer les forces vives de la France dans de telles proportions que, sans secousses, sans danger, sans perturbation, une alimentation suffisante devait être garantie au travail national : cette nécessité, l'Assemblée nationale l'avait sentie, et au lieu d'un Ministère qui n'aurait peut-être rien administré par la simple raison que tout était à créer, elle venait de nommer une Commission d'enquête, ou plutôt d'étude, qui avait pour objet spécial d'étudier le problème économique : il s'agissait, en entrant dans cette voie, d'opérer un mouvement d'égalisation politique ; car ce sont les éléments de l'état social qui, jusqu'alors, superposés se dégagent et montent, chacun à son tour, au niveau supérieur. A cette époque, à ce mouvement ascensionnel, seules n'avaient pas pris part jusqu'à ce jour les classes inférieures qu'on désignait alors sous le nom de classes agricoles et classes ouvrières. Leur tour était arrivé ; elles le comprenaient, elles s'interrogeaient, elles s'agitaient : c'était un jour d'expérimentation et d'épreuves qui devait décider à tout jamais de leur avenir : ces considérations étaient d'une haute importance, car les perdre de vue c'était, à cet instant décisif, tout remettre en question. La société avait conscience de ses droits, elle voulait puiser une énergie nouvelle dans la défense très légitime de ses intérêts.

§ 2. — RAPPORT D'ARAGO, MINISTRE DE LA GUERRE, ET PROCLAMATION DE LA COMMISSION EXÉCUTIVE.

A cette époque, des bruits de guerre circulaient à l'Assemblée nationale. On disait que les plus grands préparatifs allaient avoir lieu pour une entrée en campagne. Les affaires de la Pologne étaient la cause de ce conflit.

Les explications que le Gouvernement avait promises allaient éclairer la France sur le degré d'exactitude de ces bruits. On manifestait nettement en faveur de la Pologne.

A ce moment François Arago venait d'opter pour la capitale[1]. « Des raisons politiques, écrivait-on, et l'intérêt général de la République lui avaient fait un devoir de renoncer momentanément à représenter notre département[2] ».

Voici ce qu'écrivait un journaliste au sujet du rapport d'Arago, Ministre de la Guerre, rapport doublement instructif, car c'est un véritable résumé des forces dont nous pouvions disposer à cette époque (environ 650.000 hommes).

« Le rapport du citoyen Arago sur la guerre et sur la marine est lucide, substantiel, plein de faits et d'aperçus intéressants. Le Ministre rappelle que la première pensée du Gouvernement après la révolution de février, fut d'aviser à la défense du territoire. La France va avoir en ligne 500.000 hommes d'infanterie, 85.000 hommes de cavalerie, sans compter 200 bataillons de gardes nationales mobilisées et l'énergie du reste de la nation. Ces chiffres peuvent paraître rassurants au premier abord. Qu'on craigne toutefois de s'endormir dans une funeste sécurité. Les rois absolus, un moment frappés de consternation et de terreur, relèvent audacieusement la tête, se concertent entre eux, et songent au moyen d'éteindre le brûlant foyer d'où les idées démocratiques rayonnent sur l'Europe

1. Ce fut son frère, Victor Arago, commandant d'artillerie, qui accepta le mandat de représentant. *La République*, 17 mai 1848.

2. Ce fut Hippolyte Picas qui fut élu par 17.847 voix contre 1.106 à Victor Arago.

et sur le monde. Pour déjouer leurs projets insensés, il faut des forces imposantes; il faut que la nation armée oppose un invincible obstacle aux tentatives du despotisme européen.

« Le citoyen Arago rappelle les mesures qui ont été décrétées récemment, en vue de réorganiser notre marine. Nous lui savons gré de ses efforts; mais il reste encore beaucoup à faire pour nous replacer au rang élevé d'où le gouvernement de Louis-Philippe nous avait fait déchoir. »

§ 3. — Proclamation des membres de la Commission du pouvoir exécutif signée : Arago, Garnier-Pagès, Marie, Lamartine, Ledru-Rollin.

A la suite des troubles qui furent heureusement vite réprimés, et après les arrestations des principaux fauteurs de désordres, ainsi que celle du général Courties dont la conduite inqualifiable avait si fortement indigné la population, les membres de la Commission du pouvoir exécutif publièrent la proclamation suivante :

« Paris, 14 mai 1848.

   « Citoyens,

« La République est fondée sur l'ordre; elle ne peut vivre que par l'ordre.

« Avec l'ordre vous aurez le travail.

« Avec l'ordre seul la grande question de l'amélioration du sort des travailleurs peut être éclairée et résolue.

« Cette vérité, vous l'avez comprise. La France tout entière a applaudi à votre attitude à la fois si résolue et si calme.

« Du jour où des manifestations extérieures, résultats inévitables du premier jour d'une révolution, ont cessé, la confiance a commencé à renaître, et avec elle le commerce et l'industrie.

« Cependant, depuis hier, Paris a revu quelques attroupements qui ont jeté dans les esprits des inquiétudes nouvelles. Paris s'en est étonné, non effrayé.

« Citoyens, la République est vivante ; le pouvoir est constitué ; le peuple tout entier se meut au sens de l'Assemblée nationale. Le droit et la force sont là ; ils ne sont pas, ils ne peuvent pas être ailleurs.

« Pourquoi donc des attroupements? Le droit de réunion, le droit de discussion, le droit de pétition sont sacrés ; ne les compromettez pas par des agitations extérieures et imprudentes qui ne peuvent rien ajouter à leur force.

« Citoyens, la tranquillité publique est la garantie du travail, la sauvegarde de tous les intérêts ; la Commission du pouvoir exécutif, convaincue que toute excitation à des manifestations illégales ou insensées tue le travail et compromet l'existence du peuple, saura maintenir avec vigueur et partout la tranquillité menacée.

« La Commission, pour l'accomplissement de ce devoir, fait appel à tous les hommes sincèrement républicains ; elle compte sur cet excellent esprit de la population parisienne qui a jusqu'ici protégé et protégera encore la révolution aussi bien contre la réaction que contre l'anarchie. »

« Ont signé : ARAGO, GARNIER-PAGÈS, MARIF,
LAMARTINE, LEDRU-ROLLIN.

« Le Secrétaire : PAGNERRE. »

Quelques heures plus tard, les Membres de la Commission publiaient une nouvelle proclamation et adressaient des félicitations aux divers corps qui, en défen-

dant la souveraineté nationale, avaient bien mérité de la
patrie.

« Citoyens,

« Un crime a été commis contre l'Assemblée Nationale.
Quelques factieux ont tenté de violer la souveraineté du
peuple.

« Devant cet attentat, vos représentants sont restés
calmes et fermes ; la majesté du droit l'a emporté sur la
force brutale.

« L'Assemblée, un instant troublée, a repris ses travaux.
Elle siège au milieu de vous, toujours grande, toujours
forte, toujours prête à assurer le triomphe de la République, à réaliser pour les travailleurs les justes espérances que la Révolution leur a données.

« Aujourd'hui, le crise est vaincue.

« La garde nationale, la garde mobile, l'armée, toutes
les forces sorties de Paris et de la banlieue, ont chassé
devant elles les conspirateurs insensés qui cachaient
leurs complots contre la liberté sous le nom de la
Pologne.

« Citoyens, votre victoire a été sainte, car le sang de
vos frères n'a pas coulé. Restez debout, restez armés pour
défendre, comme vous avez su le faire, la République
contre l'anarchie.

« Les hommes qui ont souillé le temple de la Constitution appartiennent désormais à la justice. La justice
agit ; le pouvoir veille, les coupables sont arrêtés.

« Ayez foi dans l'avenir ; l'avenir n'a jamais manqué
à la fidélité et au courage, et votre fidélité et votre courage sont éprouvés.

« Ont signé : *Les Membres de la Commission.* »

CHAPITRE SECOND

§ 1. — Journées sanglantes du 24 juin. Dévouement de F. Arago.

Les barricades s'étaient élevées dans Paris. Après des émeutes partielles, le soulèvement devenait inquiétant. De sanglantes collisions avaient eu lieu entre le peuple et la garde nationale, entre les travailleurs et l'armée. Au milieu de ce sanglant conflit, Arago avait été vu, sur la rive gauche, chargeant lui-même les insurgés. La Commission exécutive et les ministres s'étaient mis à la tête des colonnes d'attaque. Lamartine et Duclerc avaient traversé les boulevards, ayant à leur suite un nombreux état-major. La conduite de notre compatriote fut héroïque. Arago, plusieurs fois sur les barricades, tenant tête aux manifestants, s'était efforcé de réprimer le mouvement, parlementant avec les insurgés qui défendaient une très forte barricade vers la place du Panthéon. Voici ce que raconte un journal[1] à ce sujet : « On nous a tout promis, disaient les ouvriers s'adressant à Arago, et on nous a si mal tenu parole, que nous sommes défiants ; nous vous estimons, citoyen Arago ; mais, au nom de Dieu, faites suivre les paroles d'actes sérieux. » Après une longue hésitation, la barricade était évacuée sans lutte nouvelle.

Notre illustre compatriote avait franchi à plusieurs reprises les barricades, suppliant les insurgés de se retirer et de cesser cette guerre impie, où le sang français coulait de toutes parts : puis il dut commander le feu. Voici le récit du reporter : « Ces faits avaient eu lieu rue Soufflot et rue des Mathurins. François Arago était

1. *La Démocratie.*

seul, au milieu des insurgés, les exhortant, au nom de la patrie déchirée, à déposer les armes. Chaque fois il a dû rejoindre *seul* les forces qu'il laissait à quelque distance, puis faisait les sommations, et le combat commençait avec acharnement. Des insurgés ayant voulu entraîner notre représentant, il répondait, le cœur serré : « Pour voir un spectacle aussi atroce, je n'ai que trop vécu. » C'est ainsi que François Arago a couronné les quatre mois de pouvoir pendant lesquels il a été à la tête de la France.

Disons, pour l'honneur de l'illustre famille, que la conduite des frères du Ministre avait été fort digne : Victor Arago n'avait pu quitter le mont Valérien.

D'autre part, Étienne Arago parvenait, à force d'énergie et de courage, à enlever une des premières barricades, c'était le 7 juillet 1848.

Le soir des barricades, après les tristes événements qui venaient d'avoir lieu, la proclamation suivante était affichée :

RÉPUBLIQUE FRANÇAISE

« Le Président de l'Assemblée nationale et la Commission du pouvoir exécutif arrêtent :

« Le général Cavaignac, Ministre de la guerre, est investi du commandement général de la force armée de Paris : garde nationale, garde mobile, garde républicaine, armée.

« Unité de commandement, obéissance.

« *Là sera la force comme là sera le droit.*

« *Le Président de l'Assemblée nationale,*
« SÉNART.

« *Les Membres de la Commission du pouvoir exécutif :*
ARAGO, MARIE, GARNIER-PAGÈS, LAMARTINE,
LEDRU-ROLLIN. »

A ce moment angoissant, l'Assemblée nationale avait décrété que Paris était en état de siège. Les membres de la Commission se retiraient devant le vote de l'Assemblée : « En lui remettant, dirent-ils, les pouvoirs dont vous l'avez investie, elle rentre dans les rangs de la représentation nationale, pour se dévouer comme vous au danger commun et au salut de la République[1].

Quelques jours plus tard, François Arago était nommé membre du Conseil municipal provisoire de Paris[2].

§ 2. — F. Arago abandonne la politique.

Après cette période angoissante et bouleversée, le rôle politique d'Arago s'efface. L'illustre astronome abandonne définitivement la politique et se consacre à la science.

Déçu dans ses espérances, Arago rentrait dans les rangs de l'opposition qu'il s'était flatté, en 1830, de quitter pour toujours : il avait supposé que le triomphe des immortels principes de 1789 était à jamais assuré, et que sous leurs auspices, la grande politique des améliorations populaires devait dérouler ses bienfaisantes conséquences.

Lorsque l'édifice polique s'écroulait, en 1848, dans la désertion générale de tous les pouvoirs constitués, le peuple avait cherché d'instinct, parmi les débris des institutions régulières, les fortes individualités qui portaient en

---

1. 8 juillet 1848.

2. Au sujet de la liste d'émargement à laquelle était porté Arago, on citait le fait suivant : Comme membre du Gouvernement provisoire, notre compatriote était porté pour 10.000 francs sur la liste d'émargement au Ministère des finances. Sur les instances du Ministre que la somme était ordonnancée, et qu'il ne devait pas se distinguer de ses collègues, François Arago appliqua les 10.000 francs à la fondation d'une rente annuelle à partager entre quatre vieillards pauvres et infirmes d'Estagel, son pays natal. Ces titulaires furent désignés par le Conseil municipal.

elles-mêmes la plus grande autorité morale, afin qu'elles fussent la garantie de la paix sociale.

Ce fut, à ce moment, avec cet esprit de sacrifice qui ne l'avait jamais abandonné, que François Arago, désigné par la voix publique, se dévouait à cette tâche si ardue, et il en accepta la lourde responsabilité.

Nous avons vu, dans ces quelques lignes, Arago membre du Gouvernement provisoire, Ministre de la Marine, signaler son passage dans ces hautes fonctions par l'abolition de l'esclavage dans nos colonies.

Il ne voulut pas en retarder la proclamation d'un seul instant, craignant d'en compromettre la réalisation par le moindre délai. Et c'est ainsi qu'il resta au poste confié à son patriotisme jusqu'au moment où, ébranlée par une terrible insurrection, l'Assemblée éprouvait le besoin de concentrer toute l'autorité dans la main d'un chef militaire.

Ce fut dans ces conditions délicates qu'Arago quittait le pouvoir aussi aisément qu'il l'avait accepté, et abdiquait sans effort en faveur de la société qu'il fallait sauver. Il n'avait revendiqué que le droit d'exposer sa vie pour elle.

Paris le vit alors, dans les rues, triste et le cœur brisé, mais ferme et inébranlable au milieu des déchirements d'une lutte fratricide entre les enfants d'une même patrie et d'une même cité.

Arago avait encore une fois exposé ses jours pour arrêter l'effusion du sang.

En quittant la vie politique le grand savant emportait dans la vie privée l'estime de la France entière, même celle du souverain que la France venait d'acclamer, et dont l'un des titres de gloire, dans les premiers jours de son règne, aura été d'avoir dispensé du serment l'homme politique que les événements obligeaient de chercher un refuge dans la science, comme dans un sanctuaire où sa noble vie devait s'abriter et s'éteindre.

§ 3. — La dernière élection de F. Arago (1er mars 1852). — La Réaction. — Le second Empire.

Les journées de juin avaient été fatales pour la République. Avec Cavaignac, la réaction commençait; l'élection de Louis-Napoléon à la *Présidence de la République* n'avait fait que l'accentuer. L'Assemblée constituante, que l'échec écrasant de son candidat venait d'affaiblir, avançait elle-même la date de sa dissolution; les nouvelles élections législatives étaient définitivement fixées au 13 mai 1849.

La liste que présentait, dans le département des Pyrénées-Orientales, le *Comité central démocratique* « les Rouges » était composée de François Arago, Pierre Lefranc, Emmanuel Arago et Théodore Guiter. Cette liste, après une campagne triomphale, était élue à une imposante majorité[1].

Mais les élections partielles de juillet venaient de donner, à Paris et dans les départements, la victoire au parti conservateur : dès lors, l'œuvre de réaction redouble[2].

Le 23 février 1850, les troupes étaient mobilisées à Perpignan, parce qu'à l'occasion de l'anniversaire de la proclamation de la République, *les Rouges* voulaient organiser un banquet dans un local de la Halle-au-Blé. Le banquet fut interdit par le Préfet. On envoya à Prades,

1. Sur 32.466 votants, François Arago obtint 24.244 voix; Emmanuel Arago, 21.478; Pierre Lefranc, 20.732; Théodore Guiter, 20.424.

2. Cf. l'étude très détaillée de M. Horace Chauvet : *Histoire du parti républicain dans les Pyrénées-Orientales*, chapitre III. — La réaction.

Millas et Corneilla des détachements pour prévenir des désordres.

Les républicains traqués par l'Administration furent complètement désemparés : maires, adjoints, instituteurs sont révoqués ou suspendus.

Le parti républicain était anéanti et devait rester quinze ans sans pouvoir relever la tête.

Le préfet Pougeard-Dulimbert s'acharnait à préparer l'élection législative du 1er mars 1852 : on devait nommer un député pour le département des Pyrénées-Orientales. Le Préfet opposait à François Arago, M. Justin Durand, riche banquier, conseiller général du canton ouest de Perpignan.

Celui-ci était élu par 26.247 voix contre 1.014 voix à François Arago. C'était la dernière épreuve électorale du grand savant, qui mourut l'année suivante, le 11 octobre 1853.

CHAPITRE TROISIÈME

La Statue d'Arago a Estagel.

On a élevé au grand savant plusieurs statues. Celle qu'on érigea à l'astronome, à Estagel, son pays natal, avait été sculptée par un grand artiste, par Oliva, un fils du Roussillon, qui rendait ainsi un éclatant hommage au génie de son illustre compatriote.

Ce fut une nouvelle occasion pour un homme politique, député des Pyrénées-Orientales que le savant rendait célèbre, de glorifier la mémoire de ce Roussillonnais dont le génie avait étonné l'univers tout entier.

Voici quelques extraits de ce mémorable discours qui résume merveilleusement l'activité intellectuelle d'Arago : il clôturera la vie politique de ce grand savant qui assuma, à un moment donné, les plus hautes et délicates fonctions dont le Gouvernement l'avait investi plusieurs fois. On avait glorifié le grand savant; on devait glorifier l'homme politique.

DISCOURS prononcé par M. ISAAC PEREIRE
le 31 août 1865, à Estagel.

« Les grands hommes ne meurent pas. Leurs idées, répandues dans le monde, vivent au sein des générations nouvelles et perpétuent ainsi leur existence.

« Ces hommes ont deux familles : celle du sang et celle de l'esprit; l'une intime et resserrée, l'autre publique et illimitée, qui s'étend aussi loin que leurs services et leur renommée.

« Parmi ces glorieux privilégiés, se place au premier rang François Arago.

« Arago n'appartient pas seulement à sa famille ; il appartient encore au pays qui l'a vu naître, à ces lieux où il reçut ses premières impressions, où se passèrent les premières scènes de sa vie ; il appartient à la France, dont il fut l'une des illustrations les plus admirées, à l'ensemble des peuples civilisés, dont il fut une des lumières.

« Arago a pour héritiers, d'un côté, les hommes dans les veines desquels coule le même sang que le sien ; de l'autre, ceux qui vivent de sa vie intellectuelle, soit dans le domaine de la science, les hommes qui continuent ses recherches et viennent ajouter de nouvelles découvertes à celles dont il dota le monde, soit dans le domaine politique, ceux qui, sans se condamner à l'idolâtrie de la forme spéciale que purent revêtir ses idées, veulent, comme lui, l'amélioration du sort des classes les plus nombreuses de la société.

« Autour de ce monument, élevé par le patriotisme de ses compatriotes, vous voyez se presser aujourd'hui avec le même empressement, mais, je le dis avec le regret le plus senti, en nombre inégal, les représentants de ces deux familles.

« Parmi les membres de la première, se distingue l'honorable M. Conte, si digne par ses persévérants efforts d'être témoin de l'hommage rendu à un oncle vénéré.

« A l'empressement et au concours de tous les amis de l'illustre savant, du grand orateur, de l'homme public, on reconnaît aussi cette autre famille, qu'unissent à François Arago les liens invisibles de l'esprit et du cœur. Tous se sont rendus à l'appel qui leur a été adressé : Membres du Conseil général, et, à leur tête, l'une de nos gloires militaires, le général Renault ; — premières autorités militaires ou civiles du département, Général commandant la division, Préfet, Général commandant le département, fonctionnaires de tout ordre, maires de tous les cantons, notables de toute profession et de tout âge, tous aujourd'hui, des extrémités les plus reculées du département, sont accourus à cette fête de la science et du travail.

« Elle eût été encore rehaussée par le concours du respectable chef du diocèse, de ce prélat éclairé dont le patriotisme égale la piété. Malheureusement, des devoirs impérieux obligent Mgr Ramadié à se trouver aujourd'hui même à Céret.

« La présence à cette fête de notre vénérable Évêque eût été un symbole de l'affinité naturelle, dont il est lui-même si bien persuadé, de la science et de la religion, affinité dont Bacon signalait la nécessité lorsqu'il disait que la religion est le parfum, l'arôme salutaire qui préserve la science de la corruption.

« En ce moment, ce n'est pas seulement à tout un département qu'Estagel donne l'hospitalité ; c'est encore à l'élite de nos savants, de nos hommes de lettres, de nos artistes, au nombre desquels se placent notamment :

« MM. Joseph Bertrand et Sainte-Claire Deville, délégués par l'Académie des Sciences : l'un, jeune mathématicien, qui a su se placer parmi ses maîtres les plus éminents ; l'autre, dont les découvertes chimiques ont eu, entre autres brillants résultats, celui de doter l'industrie d'un nouveau métal, qui s'annonce comme doué d'une utilité toute particulière, l'aluminium ;

« M. Michel Chevalier, qui représente l'École polytechnique, en sa qualité de membre du Conseil de perfectionnement ;

« M. Duhamel, géomètre dont les travaux ont reculé

le domaine de l'analyse mathématique, membre de l'Académie des sciences, ancien Directeur de l'École polytechnique et professeur au Collège de France ;

« M. Barral, élève d'Arago et éditeur de ses œuvres, qui consacra plusieurs années de sa vie à ce travail, sous la direction de l'auteur lui-même ;

« M. Claude Bernard, hardi physiologiste, qui a fait faire des progrès éclatants à cette science des phénomènes de la vie ;

« M. Berthelot, dont les travaux préparent un nouveau développement de chimie organique ;

« M. Bréguet, dont le nom est indissolublement lié à l'avancement d'un art indispensable au progrès des sciences physiques et astronomiques ;

« M. Charles Duveyrier, l'âme et le lien d'une puissante réunion de savants, d'économistes, d'hommes de lettres, qui entreprend aujourd'hui de recommencer l'œuvre de Diderot et de d'Alembert, et de refaire l'inventaire des connaissances humaines au dix-neuvième siècle ;

« M. Oliva, l'artiste habile, l'enfant du Roussillon, dont le ciseau vient de fixer sur le bronze, dans la statue qui s'offre à vos regards, les traits de son illustre compatriote ;

« Enfin, les représentants de la presse, toujours jaloux de s'associer à ces fêtes imposantes.

« Que tous les autres personnages distingués qui ont bien voulu se réunir à nous, en cette circonstance, veuillent m'excuser de ne pas continuer une nomenclature qui serait trop longue, si nous voulions énumérer tous les titres.

« Vous entendrez, je l'espère, au nom de l'Académie des Sciences, M. Joseph Bertrand, et au nom de l'École polytechnique, M. Michel Chevalier.

« Je suis d'autant plus heureux de mon association fortuite, dans l'éloge de François Arago, avec ces deux hommes éminents, que tous deux sont mes amis, amis des meilleurs, éprouvés pendant une suite d'années déjà bien longue.

« Joseph Bertrand, en effet, est l'un des membres de la seconde génération d'une famille de savants, à laquelle m'unissent depuis bientôt un demi-siècle les liens de la plus étroite amitié.

« Michel Chevalier, l'un des maîtres dans les sciences économiques, est un des hommes avec lequel je m'honore d'avoir travaillé, dès ma jeunesse, à la solution des graves problèmes économiques de notre époque, et à la recherche des moyens de réaliser ces grandes applications de la science, qui seront la gloire de notre siècle.

« Je parle surtout des questions de liberté commerciale et de chemins de fer, questions si vainement controversées pendant longtemps, et si énergiquement résolues, sous le règne actuel, par l'initiative puissante de l'Empereur, dont la science profonde en matière d'économie sociale vient en aide à cet ardent amour qu'il éprouve, comme Henri IV, pour les classes ouvrières. Je pourrais dire encore la question du Crédit qui s'élabore dans les Conseils du gouvernement et devant le pays.

« Je ne puis oublier, en ce moment, que, dès 1831, M. Michel Chevalier, alors jeune débutant comme ingénieur des mines, traçait, d'une main sûre, le réseau des chemins de fer qui devaient couvrir l'Europe, leur assignant pour centre commun le bassin de la Méditerranée dont il annonçait déjà les brillantes destinées.

« Unis dans une même pensée de progrès, nous nous étions promis, mon frère et moi, de consacrer toutes nos forces à l'accomplissement de ces grands travaux qui

allaient changer la face du monde, et quelques années
s'étaient à peine écoulées depuis 1831, que nous en
commencions la réalisation pour ne plus l'interrompre.

« Aujourd'hui, le réseau tracé par le jeune ingénieur
est en pleine activité.

« Vous savez les merveilleux résultats déjà obtenus;
vous assistez au magnifique réveil des populations rive-
raines de la Méditerranée, et ce n'est pas sans un légitime orgueil que nous voyons la part qu'y prennent nos
riches contrées.

« Voilà les titres de chacun de nous à vous entretenir
de la vie d'Arago.

« Arago n'est entré dans la vie publique qu'à un âge
déjà avancé.

« Il avait quarante-quatre ans, lorsque la révolution
de 1830 l'amena sur la scène politique.

« Jusque là, il s'était entièrement consacré à la science.

« M. Bertrand vous dira par quels travaux, par quels
événements il s'y illustra, son odyssée .sur les côtes de
la Méditerranée, sa mission scientifique héroïquement
poursuivie au péril de sa vie, son retour inespéré et
presque miraculeux dans sa patrie.

« Il y trouva bientôt la récompense de ses travaux et
fut nommé, à l'âge de vingt-trois ans, membre de l'Institut.

« D'autres épreuves l'attendaient encore : Arago avait
quitté l'École polytechnique pour le Bureau des Longitudes, avant la fin de sa seconde année, sans remplir les
formalités des examens de sortie qui l'auraient dispensé
de la conscription. Un fonctionnaire trop formaliste,
Mathieu Dumas, l'invita à rejoindre les jeunes conscrits
de la classe, avec lesquels il devait partir.

« Arago lui déclara qu'il se rendrait au poste indiqué,
sur la place de l'Estrapade, en habit de membre de

l'Institut, et qu'il traverserait tout Paris dans ce costume.

« Cette résolution fit reculer le fonctionnaire qui se souvint que l'Empereur était, lui aussi, membre de l'Institut, et le jeune savant fut laissé à ses travaux.

« Arago a poussé loin l'étude de la science pure; mais, dans son amour pour ses semblables, dans sa passion pour le progrès, il subissait un invincible attrait pour les applications, et celles-ci jouent un très grand rôle dans sa vie scientifique. Ainsi, il a grandement contribué à démontrer l'utilité des paratonnerres et à fixer les règles de leur construction; il a découvert l'aimantation par les courants électriques : ceci, Messieurs, n'est rien moins que l'origine de la télégraphie; il a pris, avec son ami Fresnel, une grande part à l'adoption du système actuel des phares par réfraction, invention que bénissent les marins; il a contribué à perfectionner la boussole; il a pris une part décisive à plusieurs autres perfectionnements du même genre.

« Arago a cherché surtout à populariser la science, soit par ses écrits, soit par ses enseignements.

« Dans une série de mémoires extrêmement intéressants sur les divers phénomènes de la nature, et compris sous le titre d'Astronomie populaire, il s'est attaché à rectifier les fausses notions trop généralement répandues.

« Il a longuement discuté, par exemple, l'influence des phases lunaires sur les changements de temps, et il est arrivé à en nier la réalité.

« Arago niait également la réalité des pronostics tirés de l'aspect de la lune. C'est lui qui a expliqué l'erreur des jardiniers dans leur vieille croyance à l'influence de la lune rousse sur les phénomènes de la végétation, tout en reconnaissant cependant l'exactitude de leurs observations et en la rapportant à d'autres causes.

« Les comètes, vous ne l'ignorez pas, ont été de tout temps considérées comme le signe précurseur des plus terribles fléaux. Arago a démontré qu'elles étaient sans danger. Déjà Clairaut, dans le siècle dernier, en annonçant d'avance l'apparition de la comète d'Halley dont il avait calculé le retour, avait porté un coup terrible aux croyances superstitieuses des populations. L'action d'Arago sur ce point fut plus efficace encore; et, en contemplant ces astres qui errent dans le ciel, et dont le retour est prévu de siècle en siècle, les hommes n'éprouvent plus aujourd'hui d'autre sentiment que celui de l'admiration pour les œuvres de Dieu.

« L'autorité d'Arago était loin d'être puisée dans l'amour du merveilleux. Il ne dissimulait point les limites prescrites aux connaissances humaines; ainsi, disait-il, jamais, quels que puissent être les progrès des sciences, les savants, soucieux de leur réputation, ne se hasarderont à prédire le temps.

« Dans son amour pour la science, Arago se plaisait à en répandre sans cesse les notions. Ses leçons de l'Observatoire, à l'usage des gens du monde, eurent le plus grand succès. Il mettait à la portée de tous, dans un style lucide, les problèmes les plus ardus de la mécanique céleste.

« J'ai moi-même suivi ces leçons, en 1824.

« Je m'y rendais, en compagnie d'un vieil ami, et je me souviens de l'émotion patriotique que nous éprouvions l'un et l'autre, en suivant cette allée voisine de l'Observatoire, où le maréchal Ney expia par sa mort, au mépris de la capitulation de Paris, sa fidélité au héros qui avait été son général, son prince et son bienfaiteur.

« Dans son dévouement au Bureau des Longitudes, Arago tenait à lui abandonner le produit des notices scientifiques, qui faisaient l'immense succès de l'An-

nuaire. On sait que, pour suppléer à ces revenus créés
par le travail d'Arago, le Gouvernement, après sa mort,
a dû augmenter l'allocation du Bureau des Longitudes.

« Arago vivait pourtant très modestement du produit
de ses fonctions. C'était tout son patrimoine.

« Arago n'avait pas toujours le calme du savant. Mais,
quoiqu'il fût passionné, comme le sont les enfants du
Roussillon, jamais cependant la rancune et l'esprit de vengeance n'égarèrent son cœur généreux.

« Une anecdote, que je tiens d'un témoin vivant, vous
le peindra exactement.

« Le directeur d'une publication scientifique, le Baron
de Zach, poursuivait de ses critiques acerbes tous les
savants français. Arago avait été l'objet de ses attaques
les plus vives et les plus injurieuses. Zach tombe malade,
croit avoir besoin des secours de Civiale, et le fait demander. Civiale refuse d'aller à Berlin. Mais, le lendemain,
Arago accourt chez lui. — Vous êtes, lui dit-il, trop
notoirement mon ami, pour refuser de faire le voyage.
— On croira, ou on fera semblant de croire que vous
refusez vos soins à l'homme qui m'a injurié. — C'est
indigne de vous et de moi ; — et Civiale partit.

« Arago était le conseil et le protecteur ardent de tous
les hommes dont il savait pénétrer le mérite.

« C'est grâce à ses encouragements, à son appui, que
l'illustre Fresnel, ingénieur obscur, put remplir sa brill-
lante, mais trop courte carrière. Arago lui donna son amitié, l'associa à ses travaux, et lui fit ouvrir les portes de
l'Académie des Sciences.

« L'histoire de Gambey, le savant ouvrier, est plus inté-
sante encore.

« Arago fit partie souvent, toutes les fois qu'on le lui
demandait, du jury de nos expositions des produits de
l'Industrie.

« Un jour, visitant l'exposition de 1819, en compagnie de savants anglais, il remarqua leur silence et même leur dédain devant nos instruments de précision ; il s'en émut.

« Il se souvint alors d'avoir vu, à l'Observatoire, une boussole excellente, construite par un jeune ouvrier encore inconnu. — Arago se met à la recherche de cet ouvrier, court à son modeste logement de la rue du faubourg Saint-Denis, et, au nom de la gloire nationale, il le somme d'entrer en lice. Il offre de lui faire acheter ses appareils par le gouvernement, de lui avancer des fonds au besoin. Il lui promet enfin de faire admettre ses produits à l'exposition.

« Moins de deux mois après, Gambey exposait des produits qui étaient de véritables chefs-d'œuvre : un répétiteur à réflexion, une boussole destinée à l'observation des variations diurnes de l'aiguille aimantée et un comparateur.

« Les Anglais s'avouèrent vaincus, et Gambey obtint la médaille d'or.

« Les succès de Gambey ne firent que grandir ; ses produits acquirent une renommée universelle. Bientôt il devint même le collègue d'Arago, au Bureau des Longitudes et à l'Académie des Sciences. Il fut élu dans la section de mécanique en 1837.

« Une des préoccupations constantes d'Arago, pendant sa carrière, a été d'exciter le zèle de nos artistes et de nos praticiens, pour les rendre supérieurs à ceux de l'étranger.

« Ami de Bréguet, il a encore fortement encouragé des industriels aussi distingués que MM. Fourneyron, Perret, Fonvielle père, Mulot, Degousée, Lerebours, Fortin, Soleil et son gendre Duboscq. Il a très souvent fait des démarches pour procurer des commandes à des constructeurs nouvellement établis. C'est lui qui a fait décerner à Daguerre et à Vicat des récompenses nationales. Il a soutenu M. Sorel, il a fait nommer à la Monnaie un chimiste éminent, M. Laurent, et l'a fait décorer. Il a deviné un autre savant, M. Pelouze, qui figure aujourd'hui, sur le premier plan, dans les sciences chimiques. Ses amis l'ont vu, déjà aveugle, faire violence à ses souffrances pour rendre service à un inventeur ou à un savant pauvre.

« Arago avait été nommé chevalier de la Légion d'honneur par l'Empereur Napoléon Ier. Le gouvernement de la Restauration lui retira cette décoration, qui ne lui fut rendue qu'en 1819, grâce à l'éclat de ses services.

« La décoration de Grand-Officier, l'une des plus élevées de l'ordre national, lui a été donnée, en 1849, par Napoléon III, alors Président de la République.

« C'est ici, Messieurs, que finit mon appréciation du savant et que commence celle de l'orateur, du littérateur élégant, de l'homme politique.

« Arago avait succédé à Fourier, en 1829, dans les difficiles fonctions de Secrétaire perpétuel de l'Académie des Sciences. A partir de ce moment, commence, pour Arago, une nouvelle série de travaux qui le placent au premier rang parmi les écrivains de notre époque.

« Les notices biographiques dues à la plume d'Arago ne sont pour lui qu'un moyen de résumer, d'une manière vivante et animée, les progrès accomplis dans les sciences naturelles, comme dans les sciences morales et politiques, et de signaler les grandes applications qui ont été faites à l'industrie des découvertes du génie humain.

« Arago a passé en revue ces maîtres, ces initiateurs que l'antiquité, dans sa reconnaissance, eût élevés au rang de demi-dieux.

« Il a discuté leurs titres et donné la mesure de ce que leur devait l'humanité.

« Arago se complaisait à écrire la vie de ces grands hommes et à mettre en lumière leurs titres à la reconnaissance de la postérité.

« Parmi ces notices biographiques, celles de Condorcet, de Monge et de Watt méritent une mention spéciale.

« Il s'attache d'abord au portrait de Condorcet, élève et ami de Turgot, émule de d'Alembert, savant illustre, économiste et philosophe, qui, au milieu des passions de la révolution, alors que sa tête menacée s'abritait sous le toit d'une femme dévouée, traçait d'une main calme l'esquisse des progrès de l'esprit humain, et montrait l'humanité se développant, comme un seul être, dans sa majestueuse unité.

« Cette vue éminemment chrétienne contient toute une politique nouvelle, dans laquelle les diverses classes de la société se reliant entre elles comme les parties d'un même corps, remplissent des fonctions différentes, comme celles du cœur, du cerveau, de l'estomac et des membres, et dans laquelle chacun se sentant vivre en tous, souffre ou jouit du bonheur, ou des misères de ses semblables.

« Condorcet s'était prononcé énergiquement en faveur de l'abolition de l'esclavage, qu'Arago plus tard devait avoir le bonheur et la gloire de réaliser.

« Arago retrace aussi avec admiration la vie de Gaspard Monge, fils d'un marchand ambulant, atteignant par ses propres œuvres les cimes les plus élevées de la science, inventeur de la géométrie descriptive, dont les règles ont donné une sûreté absolue aux divers arts de la construction, véritable fondateur de l'École polytechnique, de cette institution, émanation admirable des principes de 89, et dans laquelle le classement suivant la capacité reçut sa première et sa plus féconde application.

« Monge fut l'ami le plus intime, le plus désintéressé et le plus fidèle de l'empeur Napoléon Ier, qui savait si bien distinguer et honorer le vrai mérite.

« Monge avait été chargé de proposer à Arago d'accompagner l'empereur en Amérique, alors que, succombant

sous les forces de l'Europe coalisée, il méditait de demander asile au nouveau continent, pour consacrer ses derniers jours aux pacifiques conquêtes de la science.

« Mais l'homme dont François Arago écrivit la notice
avec le plus de soin et d'amour, est le célèbre ouvrier de
Greenock, Watt, simple mécanicien, qui ne prétendait
pas, comme Archimède, soulever un monde, mais qui,
plus heureux qu'Archimède, a fourni l'instrument destiné
à le transformer.

« Passionné pour cette incomparable invention, Arago
se rendit en Angleterre, pour étudier la vie de Watt sur
les lieux mêmes où il avait vécu, pour y cueillir avec
une pieuse exactitude tous les éléments de la carrière d'un
des bienfaiteurs du genre humain.

« Les forces dont Watt a armé la civilisation sont incalculables ; ces forces employées à l'accroissement du
bien-être général tendent à changer complétement les
conditions de l'existence humaine. Elles arrachent les
classes inférieures à cette fatigue musculaire qui les vouait
fatalement à l'esclavage de la souffrance physique. La machine à vapeur a affranchi l'intelligence de l'homme qui,
désormais, règne en maître sur les forces brutales de la
nature ; elle a effacé les distances, rapproché les peuples
entre eux, et elle les unira, chaque jour davantage, dans
une action commune.

« Le 26 juillet 1830, Arago avait à prononcer, à l'Académie des Sciences, en sa qualité de Secrétaire perpétuel,
l'éloge de son ami Fresnel.

« Les fameuses ordonnances venaient de paraître, ces
ordonnances qui confisquaient les libertés à l'ombre desquelles les Bourbons étaient revenus en France.

« Arago, en proie à une profonde émotion, refusait de
parler dans ce jour de tristesse.

« Vaincu par les instances de ses collègues, qui crai-

14*

gnaient l'effet de cette muette protestation, Arago ne voulut point consentir à supprimer, dans son discours, de
trop justes critiques sur les mobiles qui présidaient alors
au choix des savants, dans les fonctions que le Gouvernement avait à conférer.

« Le duc de Raguse, présent à la séance comme membre de l'Académie, fut effrayé de cette hardiesse : « Je
« crains bien, lui dit-il, d'être obligé d'aller chercher de
« vos nouvelles à Vincennes. »

« Mais ce n'est pas à Vincennes que les deux amis devaient se revoir ; c'était aux Tuileries, où le lendemain
Arago pénétrait, au bruit du canon, à travers une grêle
de balles, pour faire un suprême appel à l'humanité de
Marmont et arrêter l'effusion du sang.

« Vains efforts ! Une terrible fatalité pesait sur la vie de
ce lieutenant de l'Empereur, qui, dans des jours néfastes,
avait osé disposer de la France et de son chef.

« Le trône des Bourbons ne tarda pas à s'écrouler, et
de nouvelles destinées s'ouvrirent pour Arago.

« Arago, comme tous les libéraux de son temps, avait
contribué à l'élévation du trône de Juillet.

« Désireux d'unir ses efforts à ceux de ses amis politiques, dans l'œuvre de régénération qu'il croyait entrevoir,
il sollicita et obtint les suffrages de ses compatriotes et il
entra à la Chambre comme représentant des Pyrénées-
Orientales.

« Arago fut toujours l'ennemi de tous les excès.

« En 1831, une émeute, née de provocations imprudentes, agitait tout Paris. La foule ameutée saccageait l'Archevêché et menaçait la Cathédrale. A la tête d'un déta-
chement de la douzième légion, François Arago descendit
sur le parvis de Notre-Dame, harangua la foule et l'invita
à se disperser ; mais il fut sur le point d'être précipité
dans la Seine : « Mes amis, dit-il à ceux qui le serraient

« de plus près, faites attention, je ne sais pas nager. »
Cette présence d'esprit, cette invincible fermeté triompha
de l'emportement de la foule. S'il ne parvint pas à pré-
server l'Archevêché, il sauva du moins d'une dévastation
sacrilège l'antique Cathédrale, et ce fait seul suffirait à
honorer la vie d'un bon citoyen.

« Bientôt Arago, déçu dans ses espérances, rentra dans
les rangs de l'opposition qu'en 1830 il s'était flatté de
quitter pour toujours, supposant que le triomphe des immortels principes de 1789 était à jamais assuré, et que,
sous leurs auspices, la grande politique des améliorations
populaires allait dérouler ses majestueuses et bienfaisantes
conséquences.

« A l'exception d'un discours essentiellement politique
sur la réforme électorale, Arago ne traita généralement,
à la tribune de la Chambre des Députés, que des sujets
spéciaux, où son autorité pouvait peser d'un grand
poids.

« Il prit surtout une grande part à la discussion des
chemins de fer.

« Arago, sur cette grande question, devait naturellement se préoccuper surtout de la perfection mathématique des moyens d'exécution. Il aurait désiré qu'on
attendît, pour mettre la main à l'œuvre, que l'art de la
construction des chemins de fer eût fait de nouveaux
progrès. Or, il n'est pas dans la nature humaine d'atteindre la perfection ; jamais, d'ailleurs, on ne peut se flatter
d'en franchir les degrés d'un seul bond.

« Les inconvénients d'une application imparfaite sont
toujours moins grands que ceux qui résulteraient d'un
ajournement indéfini.

« Les avantages que les populations ont recueillis des
chemins de fer, l'essor que l'agriculture en a reçu, les
produits qu'ils ont permis de répandre abondamment

dans les diverses parties du monde entier, ont créé une masse de richesses bien supérieure aux sacrifices que pourra nécessiter la rectification des erreurs commises.

« Arago a été mieux inspiré relativement à la question de savoir à qui devait être confiée la construction de ces voies nouvelles.

« Longtemps, on avait débattu, soit dans la presse, soit à la tribune, si c'était à l'État ou aux Compagnies qu'on devait s'en rapporter.

« Arago se prononça nettement en faveur des Compagnies, et son opinion, à cet égard, fut considérée par des esprits trop absolus comme une trahison envers le parti démocratique qui revendiquait alors pour l'État la propriété de ces grandes voies de communication.

« Mais Arago était d'un caractère trop indépendant, pour consentir à devenir l'homme-lige d'un parti. Aussi, malgré les critiques acerbes de Louis Blanc, persista-t-il dans des convictions que l'expérience a confirmées.

« Il se souvenait de la durée séculaire de la construction de nos canaux.

« Il craignait que l'État ne fût détourné, par des circonstances imprévues, d'une œuvre qu'on devait achever rapidement après l'avoir entreprise, et que des emprunts contractés pour les besoins de la paix ne servissent aux nécessités de la guerre.

« Il comptait enfin sur la puissance de l'association des capitaux.

« Toutefois, l'industrie particulière ne répondit pas immédiatement à son attente.

« Elle avait besoin, pour se manifester largement, de puissants encouragements, qu'une politique à courte vue lui refusait à l'origine.

« Depuis 1852 seulement, on a vu de quels efforts elle est capable avec l'appui d'un gouvernement sincèrement

STATUE D'ARAGO A PERPIGNAN

protecteur du progrès industriel, jaloux d'accroître la prospérité publique.

« L'épargne de la nation, incessamment renouvelée, a fourni des ressources que ne permettaient pas de soupçonner les avortements dont le règne de Louis-Philippe avait donné de si fréquents exemples.

« Notre embranchement de Narbonne à Perpignan et à Port-Vendres jusqu'à la frontière d'Espagne, réclamé par Arago en 1846, n'a pu recevoir son exécution que sous le règne actuel, par la volonté d'un Souverain qui entend répandre la vie jusque dans les provinces les plus reculées de l'Empire.

« Quant à moi, je suis heureux d'avoir pu, avant d'être élu comme député des Pyrénées-Orientales, contribuer à réaliser ce vœu de mon illustre prédécesseur.

« Arago prononça, en 1847, un beau discours sur l'enseignement, dans lequel il réclamait des réformes dont la nécessité a depuis été reconnue. Il proposait de ne plus rendre générale et obligatoire l'étude des langues mortes, et d'accorder une large place à l'étude des langues vivantes, comme à celle des sciences naturelles.

« Dans son discours sur la réforme électorale, Arago, dès 1840, devançait la proclamation du suffrage universel, devenu, aujourd'hui, loi fondamentale de l'État et source légitime du pouvoir.

« La famille des Napoléon, dont le nom sera éternellement lié à la grandeur et à la gloire de la France, n'a jamais redouté les arrêts du suffrage universel.

« C'est au peuple tout entier que l'Empereur Napoléon III, comme l'Empereur Napoléon Ier, a demandé la consécration de sa dynastie.

« Le suffrage universel, dont la pratique en France a suffisamment démontré les heureux résultats, se justifie, en théorie, comme une application de la loi des grands nombres. D'après le calcul des probabilités, on peut affirmer que les résultats de ce système doivent être généralement conformes aux besoins d'ordre et de perpétuité, en vertu desquels les sociétés existent et se conservent, tandis qu'il peut en être autrement du suffrage restreint qui n'exprime que les désirs d'une fraction de la société, désirs contestables et souvent en désaccord avec les vœux de la communauté.

« Et c'est en même temps un instrument de progrès, puisque ce pouvoir immense, dont le peuple est investi à certains moments, oblige à l'instruire et à l'éclairer pour que ses suffrages soient toujours conformes à la raison, à la justice et au respect de tous les droits.

« Nous voici arrivés au dernier terme de la carrière politique de l'illustre Arago.

« Il est, Messieurs, dans la vie des sociétés, comme dans celle de l'individu, des crises auxquelles elles ne peuvent se soustraire. Ces crises se terminent le plus souvent par des conquêtes salutaires ; mais, pendant leur durée, tous les éléments contraires entrent en lutte, et ceux qui sont doués de la plus grande vitalité ne se dégagent qu'à travers mille souffrances, par les efforts combinés des hommes d'énergie et de bonne volonté.

« Que d'enseignements nous offre une telle carrière !

« Les formes de gouvernement, Messieurs, ne sont que des moyens, et ces formes varient, comme l'a dit Montesquieu, suivant le climat, suivant le génie et le caractère particulier de chaque peuple.

« Mais si les formes sont diverses, s'il n'y a rien d'absolu à cet égard, il n'en est pas de même du but que doivent se proposer tous les gouvernements. Ce but invariable que Dieu même leur assigne, c'est l'amélioration morale, intellectuelle et physique de la classe la plus nombreuse et la plus pauvre.

« Sur ce terrain, tous les gens de cœur peuvent se rencontrer, et, quelque sentiment que j'aie de mon infériorité en face de l'homme dont je retrace la vie, j'ose dire que c'est un terrain commun à l'ancien et illustre représentant des Pyrénées-Orientales et à celui qui a l'honneur d'être aujourd'hui le mandataire de votre département, et qui sent profondément le prix de cette dignité.

« Arago, bien plus préoccupé en réalité du fond que de la forme, désirait, avant tout, l'avancement de l'instruction publique et du bien-être des masses.

« Tel était le but principal de ses efforts, c'est aussi son plus beau titre à la reconnaissance publique.

« C'est ainsi que, s'inspirant d'un sentiment semblable, Lafayette faisait abnégation de ses convictions personnelles, et pouvait dire avec vérité d'un gouvernement monarchique qu'il était la meilleure des républiques, car il n'attachait à ce mot que l'idée même qu'il exprime. celle de la CHOSE PUBLIQUE.

« L'amour de la chose publique, tel doit être le caractère de tout bon gouvernement, que le pouvoir soit électif ou héréditaire, qu'il soit exercé par plusieurs ou par un seul.

« Or, qu'est-ce que l'amour de la chose publique, si ce n'est celui du bien général? et qu'est-ce donc que l'on doit réclamer le plus vivement pour le bien général, et pour l'apaisement des discordes publiques, sinon l'élévation des classes les plus nombreuses de la société?

« Voilà le but que doit poursuivre tout bon gouvernement; voilà la grande voie par laquelle chacun peut atteindre la place que lui assignent les facultés dont Dieu l'a doué.

« Telle est, Messieurs, la large base sur laquelle s'est placé celui qui préside aujourd'hui aux destinées de la France.

« Telle est la cause de l'affection universelle dont il est entouré.

« Vous le savez, en effet, l'objet multiple de ses constantes préoccupations, c'est le développement de l'instruction à tous les degrés, primaire, secondaire, professionnelle; c'est l'amélioration progressive de la viabilité du territoire, au moyen des chemins de fer, des canaux, des routes impériales et des chemins vicinaux qui, en utilité, ne le cèdent pas même aux voies ferrées; c'est l'avancement de l'agriculture, la première de toutes les industries, à l'aide de procédés divers au nombre desquels il n'est pas possible, dans ce département, d'oublier l'irrigation; c'est le plus grand développement possible du travail, seule source de la richesse; c'est enfin la plus large extension des débouchés de nos produits par une intelligente application des principes de la liberté commerciale.

« Le gouvernement de l'Empereur s'avance fermement dans cette voie de progrès et d'amélioration générale. Il y marchera, vous pouvez en être certains, d'un pas d'autant plus assuré que les sentiments d'ordre prévaudront plus complètement dans notre société fatiguée de luttes désormais stériles, et n'aspirant plus qu'aux conquêtes pacifiques du travail.

« Messieurs, de grands enseignements ressortent de la solennité à laquelle nous assistons.

« Elle montre d'abord à ce peuple ému qui nous entoure, quel est le prix du travail, de la science et de la vertu civique, et de quelle auréole de gloire sont un jour couronnés les hommes qui ont illustré leur pays.

« Cette fête justifie hautement ce qu'Arago lui-même, énumérant, dans son magnifique discours sur le suffrage universel, les titres du peuple, disait de quelques-uns des noms glorieux sortis de son sein : J.-J. Rousseau, le géomètre Fourier, le grand Molière, Franklin, Masséna, Kléber, Marceau, tous fils d'artisans, d'ouvriers, de cultivateurs, tous immortalisés par le Génie, et appelés dans le Panthéon de l'histoire par la patrie reconnaissante.

« Parmi ces noms glorieux, se place celui d'Arago. Votre admiration le fait l'égal de toutes nos gloires nationales.

« Et pourquoi ne le dirions-nous pas, lorsque le gouvernement lui-même nous donne l'exemple du respect pour la mémoire de François Arago? Oui, Messieurs, le gouvernement de l'Empereur est assez fort, il est assez patriotique pour se parer de toutes les gloires du pays. Il est le premier à rendre hommage à ceux qui furent ses adversaires, quand ils se sont illustrés par de grandes actions, quand on a pu dire d'eux ce que M. de Humboldt disait de François Arago : « C'est le meilleur cœur et la plus « forte tête de l'époque[1]. »

---

[1]. On fête chaque année à Estagel, avec un grand enthousiasme, l'inauguration de la statue d'Arago. Cette fête, *la festa de l'ARAGO*, commence toujours de grand matin par un discours que l'on prononce devant la statue. « Tous les ans, écrit P. Vidal, dans son *Guide*, un orateur rappelle à ses concitoyens les vertus civiques d'Arago et les services que celui-ci a rendus à la science et à la démocratie. » Les *Joglars* jouent des danses catalanes fort animées, dans cette localité où les étrangers accourent de toutes parts pour célébrer encore plus dignement l'illustre savant.

TABLE DES MATIÈRES

CHAPITRE QUATRIÈME

CHAPITRE CINQUIÈME

CHAPITRE SIXIÈME

CHAPITRE SEPTIÈME

CHAPITRE HUITIÈME

CHAPITRE NEUVIÈME

DEUXIÈME PARTIE

L'élection d'Arago. — Son triomphe (1846-1848).

CHAPITRE PREMIER

CHAPITRE SECOND

CHAPITRE TROISIÈME

CHAPITRE QUATRIÈME

CHAPITRE CINQUIÈME

TROISIÈME PARTIE

Arago et la Révolution de 1848 (1848-1850).

CHAPITRE PREMIER

CHAPITRE SECOND

CHAPITRE TROISIÈME

QUATRIÈME PARTIE

CHAPITRE PREMIER

CHAPITRE SECOND

CHAPITRE TROISIÈME

Toulouse. — Impr. et Libr. Édouard Privat. — 6013

OUVRAGES DU MÊME AUTEUR

Les Vestiges de Ruscino, in-8° raisin, ouvrage orné de 16 photogravures et d'une phototypie en couleur hors texte. Première série. Imprimerie BARRIÈRE et Cⁱᵉ, Perpignan (1916).

Castell-Rossello au Moyen Age, in-8° raisin. Deuxième série. (Livre I.) — *Les origines de Castell-Rossello; Les Tenures.* Imprimerie BARRIÈRE et Cⁱᵉ, Perpignan.

Castell-Rossello au Moyen Age, in-8° raisin. *La famille : La propriété.* Deuxième série. (Livre II.) Imprimerie BARRIÈRE et Cⁱᵉ, Perpignan.

Le Bilan des Fouilles de Ruscino, in-8° raisin, ouvrage orné de 46 photo-gravures et de 3 phototypies en couleur hors texte. Imprimerie COMET, Perpignan (1914).

Les Guerres dans l'Antiquité et la Guerre Moderne, in-8° raisin. 2 volumes, 2 éditions (dont une de luxe sur papier alpha). Imprimerie COMET, Perpignan (1914-1916).

Castell-Rossello au Moyen Age, papier terrier de Castell-Rossello (1451-1456). Documents inédits. Ouvrage orné de trois fac-similés du *Capbreu* ou registre du seigneur de Castel-Roussillon, le chevalier de Perapertusa ou d'Ortaffa. Imprimerie E. PRIVAT, Toulouse (1916).

Les Librairies à l'époque antique; Les Manuscrits du Roussillon, in-8° raisin avec fac-similé de la préface. Imprimerie COMET, Perpignan (1915).

L'Église Notre-Dame de Castell-Rossello avec photogravure hors texte. *Études archéologiques et historiques sur le Roussillon.* Troisième série. (Livre I.) Imprimerie BARRIÈRE et Cⁱᵉ, Perpignan (1917).

La Seigneurie de Castel-Roussillon; *André de Fenouillet, seigneur de Castel-Roussillon* (acte vidimé de 1364), Registre (1357-1359), in-8° raisin. Imprimerie E. PRIVAT, Toulouse (1918).

La Colonie Antique de Ruscino, in-8° raisin sur papier fort alpha, illustré de 9 planches. Préface de M. Héron de Villefosse, membre de l'Institut. Imprimerie COMET, Perpignan.

Documents historiques sur la ville de Perpignan. Principales chartes (catalan) concernant la ville. In-8° raisin. Impr. COMET, Perpignan (1922).

Le Théâtre et la Musique dans l'Antiquité, in-8° coquille. Imprimerie COMET, Perpignan.

La Céramique de Ruscino, in-8° raisin avec 12 photogravures hors texte. Imprimerie J. Marry, Perpignan.

L'Organisation municipale de Perpignan du XII° au XVIII° siècle; *Actes politiques et constitutifs de cette commune*. In-8° raisin. Troisième série, (Livre II.) Imprimerie Barrière et C¹ᵉ, Perpignan (1920).

Les Moulins de Castell-Rossello et Canet (*Droits de Pêche et droits d'Épaves*). Quatrième série. (Livre I.) Imprimerie Barrière et C¹ᵉ (1918).

La Vigne dans l'Antiquité, in-8° coquille. Impr. Privat, Toulouse (1916).

Les anciennes familles seigneuriales de Castell-Rossello, in-8° raisin. Imprimerie E. Privat, Toulouse (1921).

Les Nouveaux Riches et les Bons Riches, in-16. Imprimerie Barrière, et C¹ᵉ, Perpignan (1921).

Le Costume dans les Temps Anciens et les Lois Somptuaires en France, 9 fascicules in-16. Imprimerie Barrière et C¹ᵉ, Perpignan (1921).

Pages d'Histoire du Roussillon, in-8°. Cinquième série. (Livre I.) Imprimerie Barrière et C¹ᵉ, Perpignan (1922).

Les Danses dans l'Antiquité, in-8° raisin. Imprimerie Comet, Perpignan.

Les Hommes politiques du Roussillon sous la Révolution et l'Empire (1790-1815). Études archéologiques et historiques sur le Roussillon. Cinquième série. (Livre II.) Imprimerie Barrière et C¹ᵉ, Perpignan.

Les Danses de la Provence et du Roussillon, in-16. Imprimerie Barrière et C¹ᵉ (1922).

Figures célèbres de l'Histoire roussillonnaise. Pièces historiques et manuscrites concernant Cassanyes, les Préfets des Pyrénées-Orientales, Charvet et général Martin, le Maréchal Macdonald; François Arago, politique; Ibrahim-Pacha, etc. Cinquième série. (Livre III.) Imprimerie Barrière et C¹ᵉ, Perpignan.

A L'IMPRESSION

Les Cours d'eau en Roussillon. Les Intendants du Roussillon et les Inondations à Perpignan de la Basse et de la Tet. Imprimerie Barrière et C¹ᵉ, Perpignan. Quatrième série. (Livre II.) 2 volumes in-8°.

Étude historique sur le Boulou ; *L'antique Stabulum*. Les batailles. Les ponts sur le Tech (pour paraître en juillet prochain).

VIENT DE PARAITRE

Feuillets Roussillonnais. Notes d'art ; notices archéologiques. Imprimerie Barrière et C¹ᵉ, Perpignan. Cinquième série. (Livre IV.)

Les Victoires de Louis XV et les Cérémonies de la Cour. Imprimerie Comet (1924).